大前研一 デジタル時代の「社内起業家」育成法

「BBT×PRESIDENT」
EXECUTIVE SEMINAR LIBRARY
VOL.9

大前研一 編著

プレジデント社

KENICHI
OHMAE

THE INHOUSE-
ENTREPRENEUR OF
IN THE DIGITAL AGE

サイバーエージェント、
寺田倉庫、リクルート、ソニー……

とがった人材を活かせ

大前研一

デジタル時代の「社内起業家」育成法

サイバーエージェント、寺田倉庫、
リクルート、ソニー……
とがった人材を活かせ

はじめに

同じことを繰り返して、その延長線上で精度を高め量を拡大していけば企業は成長できた。そんな古き良き時代の「成長の方程式」は、いまではまったく通用しない。デジタルディスラプション（デジタルテクノロジーによる破壊的イノベーション）が当たり前の今日では、大企業といえども新しい事業を生み出し続けないと、あっという間に淘汰されてしまう。

そうならないためには、すべての社員が自ら新規事業を考え立ち上げることのできる社内起業家「イントラプレナー」に生まれ変わるしかない。

かつてこの国には、松下幸之助氏、本田宗一郎氏、川上源一氏のように、自ら事業を起こして世界に打って出ようというとがった人材が何人もいた。ところが、現在の日本には、そういう人はほとんど見当たらない。いい学校を出て大企業に入ったらこれで人生安泰と、すっかり安心しきっている。彼らには、二一世紀の現実がみえていないのだ。

危機が迫っていることもわからず、変化に対応できるスピード感もなく、リスクをとる勇気もない。できることといえば上司の意向を忖度して行動することぐらい。そういう社員に向かって「新しい事業を考えろ」といくら発破をかけても、それは無理に決まっている。

イントラプレナーを生み出すには、経営者のコミットメント、新規事業を加速する制度整備、社員に対する教育、この三つが必要なのだ。

それがどういうことなのかは、本書で詳細に解説しているので、そちらをぜひ参考にしてほしい。

それから、サイバーエージェント、寺田倉庫という、イントラプレナーを精力的に輩出し続けている、日本においては稀有な企業の貴重な事例も、余すところなく紹介している。きっと目からうろこが落ちるはずだ。

これから会社が生き残れるかどうか、そのカギを握るのはイントラプレナーである。いまはピンとこなくても本書を読み終えたとき、私がこういっている意味がきっとわかるだろう。

大前研一

二〇一九年二月

目次

第二章 サイバーエージェントの社内スタートアップ戦略――飯塚勇太 59

第三章

図版制作　室井浩明（STUDIO EYES）

第一章

デジタル時代の「社内起業家」育成法

大前研一

事業を生み出すということ

社内起業家をいかにして生み出すか。キーワードは「イマジネーション」だ。

当社（ビジネス・ブレークスルー）が経営する「ATAMIせかいえ」は、もともと某社の保養所だった。最高の立地にもかかわらず一〇年以上も使われていなかったので、当社が買い取って改装し、セミナーや研修もできる高級宿泊施設に生まれ変わらせたのである。二〇一五年四月にオープンして三年以上経ったが、その間の稼働率は八六％とほかに例がない数字を叩き出し、現在も変わらず活況を呈している。これは私が想像した以上の結果だといっていい。

また、かつてお台場の土地を東京が一〇年間リースしてくれるというので、そこにヴィーナスフォートという、すべてがエンクローズドなショッピングモールをつくったこともあった。ここでは、夕方になるとショッピング意欲が上昇するという女性の心理に注目したのだ。インテリアを南仏やイタリア風にし照明の光度を変化させることで、一時間に一回夕焼けの雰囲気を醸し出すという演出を行い、毎年一〇〇〇万人もの人を集めることに成功した。お台場の更地を見てこの光景がイメージできるかどうか、これが従来の枠組みにとらわれた企業、地方などに問われている。

このように、事業を生み出すというのは、イマジネーションを形にすることだ。

では、どうすれば社員のイマジネーションを引き出せるのだろうか。たとえば、自社の倉庫を独立した会社にして、そこに社長をひとり置いてみるというのはどうだろうか。そうすると、第三者の荷物を預かったり、IoTを利用してモニタリングするというように、いろいろなアイデアが出てくる。また、そうやって機能別組織を別会社にして傘下に会社を七つ八つ程度つくって、それぞれにP／LやB／Sまで責任をもたせれば、親会社の社長はトータルすると自分の業務が減るから、本当に重要な経営課題だけに集中することができるようになる。

とにかく、いまほど新しい事業を始めやすい時代はないのだから、これまで会社の内部で行っていたことはどんどん社内で新たに起こした企業にアウトソーシングし、余った人たちに新しいアイデアを出させるべきである。社内起業家を生み出す仕組みというのは、要するにこういうことなのだ。社長が決意して、「社内に一〇人の新社長を誕生させる」と宣言できるかどうかにかかっている。そのためには、組織の階段を下から一段一段上るという、これまでの感覚は邪魔でしかない。実際、そういう会社のミドルマネジャーには、入社以来仕事といえば受命と拝命、いわれたことは納期どおりきちんと行うが、新しい事業はまるで思いつかないというタイプが実に多いのである。

日本の会社の社長にぜひ参考にしてほしいのが、松下幸之助氏だ。松下電器（現パナソニック）というのは非常に早くからM&Aを行い成長してきた会社である。

松下幸之助氏の時代はM&Aという言葉はまだなかったが、なにしろ経営の神様ということで、事業がうまくいかなくなった経営者はわらにもすがる思いで、松下氏のところにこぞって相談に訪れた。すると、彼はたいてい「ほな、よろしゅうおますわ」と言ってその経営者の会社を、自分のグループに入れてしまうのだ。そのうちのひとつが中川電機。冷蔵庫や冷房器具といった白物家電は、いまはパナソニックの中核だが、これらはもともと中川電機が行っていた事業なのである。ちなみに、一九七七年に二五人の取締役を抜いて三代目の社長に抜擢された山下俊彦氏は、買収された中川電機の出身だ。

松下氏は、非常にしっかりしたM&Aのポストマージャーインテグレーション(PMI)の方程式を確立していた。まず、買収先は解体し松下電器の事業部にして、その会社の商品はすべてナショナルブランドに変え、ナショナルチェーンストールで販売する。次に、事業部の経理には松下電器から経理マンを送り込んで、お金の流れをしっかり押さえてしまう。さらに、担当者が胃潰瘍になってしまうような非常に厳しい業務監査と社員教育を行う。

こうして事業部をどんどん増やしていった結果、ピーク時にはなんと三七〇もの事業部を抱えるまでになった。それこそ自転車から鉛筆削りまで、全盛期の松下電器はありとあらゆる品目を取り扱っていたのである。

また、事業部のトップは自分のところのP/L、B/Sに責任をもたされた。だから、グループ内にどんどん人材が育っていったのだ。

図1

なぜイントラプレナーが必要なのか?

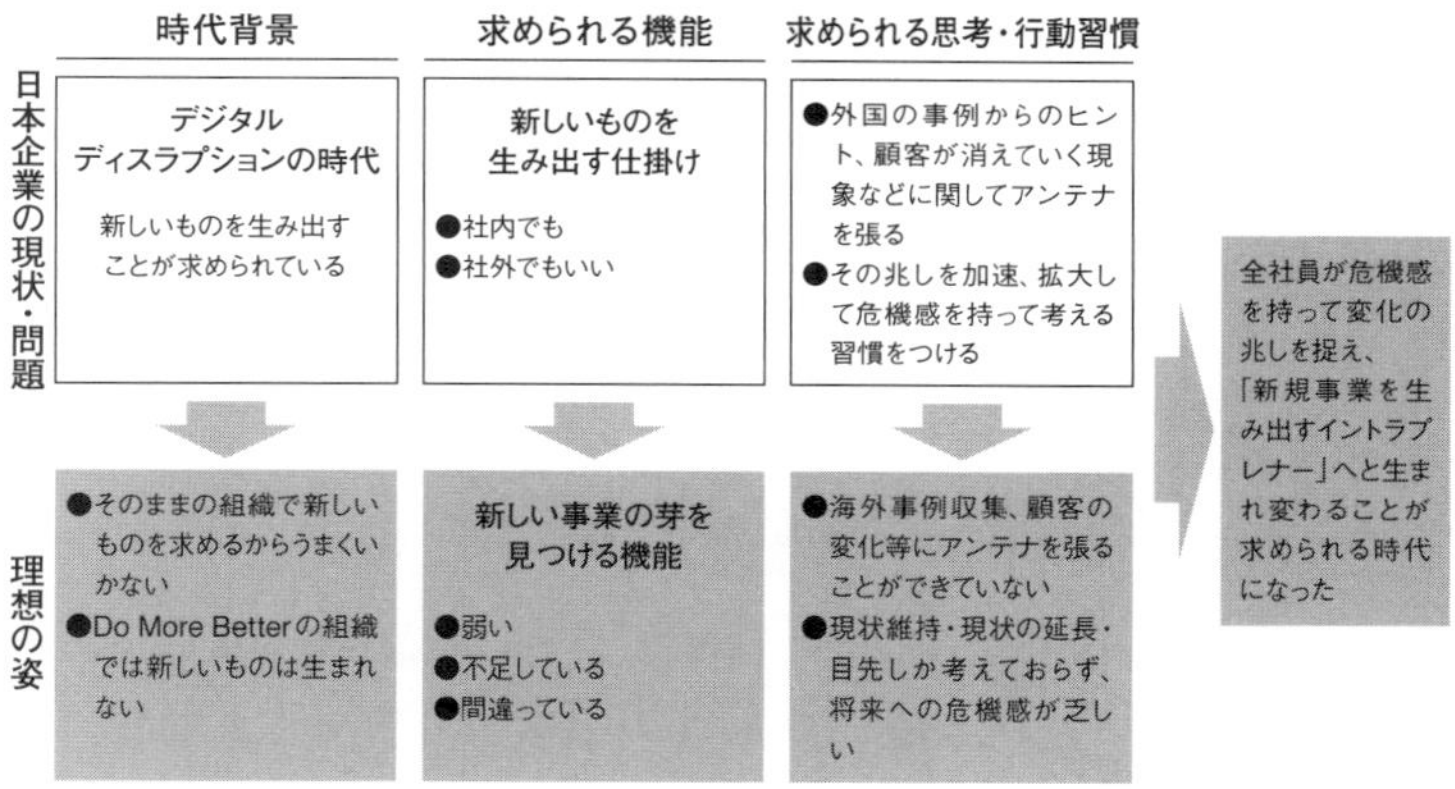

©BBT大学総合研究所

世界に通用する事業家メンタリティの条件

現代のように社会の変化が激しい時代だと、本業を行いながら、並行して新しいことにも対応していかなければならない（図1）。このとき、経営者が確固たる考えなしに本業も新しいものもと手を広げていけば、結局はあぶはち取らずの状態となり、どちらもものにならなくなってしまう。そうならないためには、新しいものをつくりだすメンタリティをもった人たちを、社内にそろえておくことが重要なのである。

しかしながら、普通の会社だと、社内にそういう人材を見つけるのは容易ではない。

日本の会社はこれまで、従来の仕事がより上手にできるようになるという Do More, Better をよしとしてきたために、新しいものをクリエイトするということに、社員がまったく慣れていないのだ。

また、会社の上層部に、これまでのやり方を守ろうとする人たちが固まっていて、若手が何か新しいことをしようとすると、よってたかって口を出して事業の芽を摘んでしまうということも非常に多い。

このように、日本の場合は、社内起業家を育てる環境が整っていない会社のほうが圧倒的に多いので、むしろ社外のクリエイティブ人材の力を借りたり、社内のプロジェクトに外部の人間も入れるといったやり方のほうがいいかもしれない。

ニコニコ動画で有名なIT企業のドワンゴは、優秀な人材を高校生から発掘しインターンをさせるなどしてリクルートしている。既存の社員に「新しい企画や事業を考えろ」と命じるよりも、幼いころからスマートフォンで育ち、中学生くらいから自分でゲームをつくっているような若者に考えさせたほうが確実で効率もいいと、ドワンゴの経営陣は実感しているのだ。

将棋の世界では、当時一四歳の藤井聡太四段がデビュー戦から二九連勝の新記録を打ち立てて世間の注目を集めたが、これがテレビゲームの世界であれば、一四歳で頭角を現すというのは早いどころか、むしろ遅いといってもいい。ゲームで遊ぶだけでなくプログラミングまで行ってしまう小学生が、いまはごまんといるのだ。シリコンバレーでは日本人は影が薄いが、ゲームに限っていうと日本人はスタートが非常に早く、かつ優秀なのである。丸の内あたりの会社に数多くいる、いい学校を出て入社してきた人たちというのは、私にいわせると、新しいことを考え出すのにいちばん向いていない人材なのである。

新規事業が成功するかどうかはやってみなければわからない。もっとはっきりいえば、ソフトバンクの孫正義氏だろうがユニクロの柳井正氏だろうが、明らかに失敗する確率のほうが高いのだ。しかしながら、正解を正確に暗記して瞬時に答えるという二〇世紀型の教育に過剰適応してきた日本のホワイトカラーは、間違えてバツをもらうということに対し抵抗感がきわめて強い。リスクが発生しそうになると自然とブレーキを踏んでしまうのだ。あるいは、何か画期的な企画を思いついても「こんな提案をしたら笑われるのではないか」「反対されるに違いない」と自らすぐに否定してしまうのである。

こういうのは事業家のメンタリティではない。戦後、世界に冠たるブランドを確立した日本の起業家のなかで、きちんと大学を卒業しているのは、ソニーの盛田昭夫氏と井深大氏くらいだろう。三洋電機の井植歳男氏、ホンダの本田宗一郎氏、シャープの早川徳次氏らは、みな学校などろくに出ていない。だから、自己抑制なしの破天荒な経営ができたのだ。

ヤマハの川上源一氏も学歴は高卒である。当時はまだ、ヤマハは日本の小さな楽器メーカーにすぎなかった。それでも彼は、なんとしても西洋の伝統楽器であるピアノで世界一になろうと、ドイツやアメリカでも行っていないピアノ線や木材の研究を重ね、資本金の何倍も投資して鋳物でピアノの型をつくる工場を建て、ついにそれを現実のものにしてしまった。

また、錆びにくい船外機を開発したときは、川上氏が担当者に「完成するまでその船から上がってくるな」と担当者に命じたため、その担当者は何年もその船に住むことになったというエピソードがある。そのヤマハの船外機は基本性能の優秀さに加え、圧倒的な防錆防食性能で、いまでもシェア世界一なのである。

とにかく、自分がこれをやると決めたら、脇目も振らずどこまでも突き進んでいくバイタリティの持ち主だった。ピアノの合板加工の技術から洋弓づくりを始めたときは、鹿狩りに熱中して、全国のピアノのディーラーに「鹿はいないか」と問い合わせ、「うちの裏山にいます」といった情報が入るとすぐにとんでいき、二、三日戻ってこないなどというのはざら。鹿狩りに夢中で株主総会に来なかったという武勇伝もあるくらいだ。

新しい事業を生み出せる人材というのは、この川上氏のように「いくらレールから外れようが気にしないというタフなハートの持ち主」なのである。

いまならスクウェア創設者の宮本雅史氏、ＤＭＭ．ｃｏｍ会長の亀山敬司氏などだろう。アメリカであればペイパル創業者のピーター・ティール氏がそうだ。

図2

アントレプレナーとイントラプレナーの違い

アントレプレナー		イントラプレナー
ホワイトキャンバス	軌道	組織のビジョン・戦略
知人やVCから資金を調達	資金	CFOから資金を調達
知人やコネで人材を調達	人材	HRから人材を調達
自ら意思決定	意思決定	社内プロセス、ルールの対応

イントラプレナーには、起こしたい変化を実現していくために、戦略的に社内を巻き込み、リソースを動かしていくことが求められる

©BBT大学総合研究所

アントレプレナーとイントラプレナーの違い

起業家は大きくアントレプレナーとイントラプレナーに分けられる。ここでは両者の違いを明確にしておこう（図2）。

アントレプレナーは、真っ白なキャンバスに自由に絵を描くように、何もないところに自分の好きな会社を定義することができる。ただし、資金や人材もあらかじめ用意されているわけではないので、自分で調達しなければならない。さらに顧客開拓も行わなければならないから、ハードルはかなり高いといえる。

私も、自分が経営するアタッカーズ・ビ

ジネススクールで、二〇年間に約八〇〇〇人のアントレプレナー予備軍を育ててきた。実際、このうち約八〇〇人が起業している。これくらい素晴らしいアイデアがあっても資金がなければスタートアップはできない。そこで、アタッカーズ・ビジネススクールでは、受講生や卒業生を対象にした「スポッフ」というファンドも用意している。出資金額は最高二〇〇万円で、出資比率は二〇％未満。ハンズオフで属人的なサポートは行うが、事業としてのコンサルティングは行わない。ちなみにスポッフ（SPOF）という名称は「背中（S）をポン（P）と押す（O）ファンド（F）」からきている。

一方、イントラプレナーの場合は、アントレプレナーのようにまったく自由というわけにはいかない。通常は会社のビジョンや戦略に沿った事業であることを求められるが、その代わりスタートアップの資金は会社が出してくれ、人材も全員もしくは一部を会社から連れてくることができる。それゆえ、同じように新規事業を始めるにも、イントラプレナーのほうがはるかにハードルが低いといえる。たとえばプラスの完全子会社であるアスクルは、イントラプレナーが成功しているいい例だ。

図3

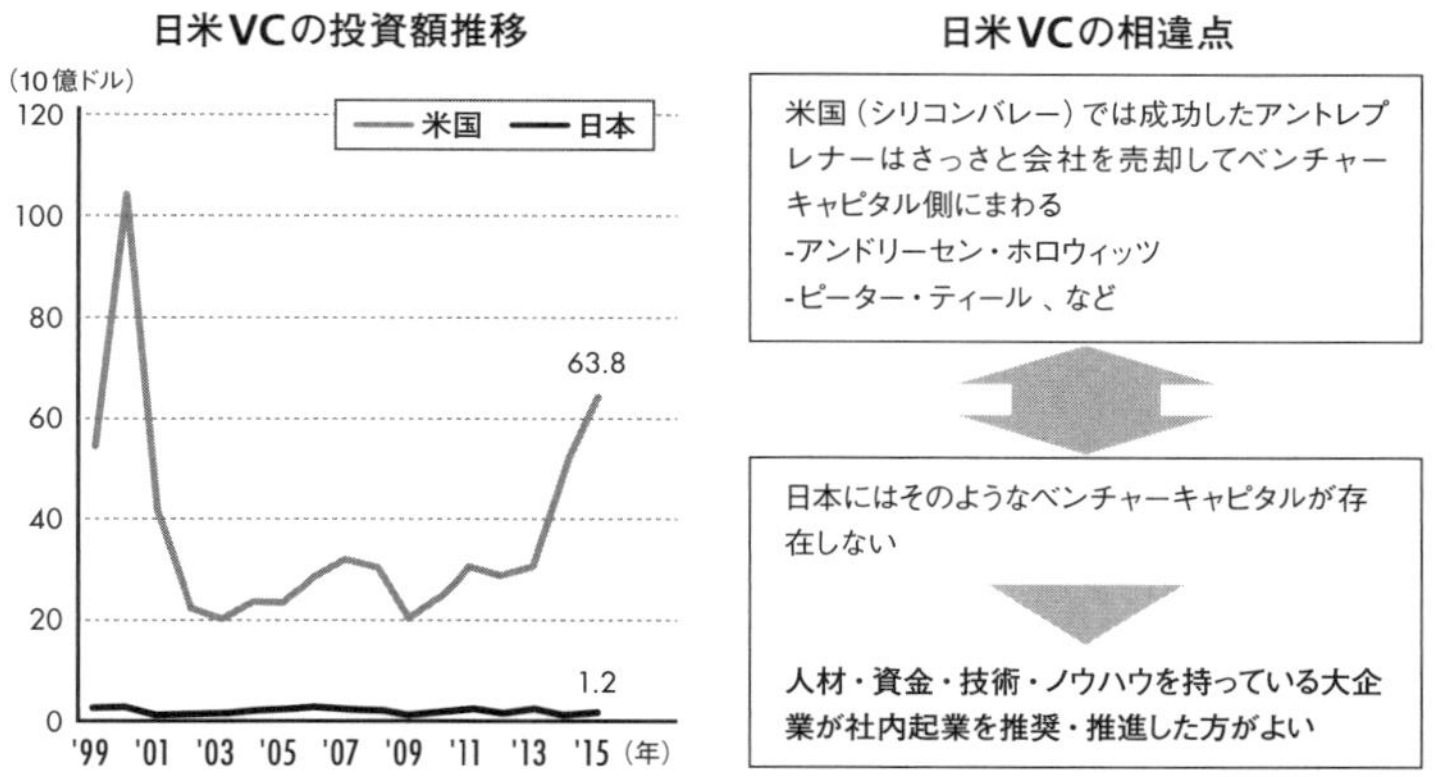

©BBT大学総合研究所

日米ＶＣの投資額推移（図３）

アントレプレナーの頼みの綱であるベンチャーキャピタル（ＶＣ）に関しては、アメリカや中国と比べると、まだ層が薄いといわざるを得ない。ベンチャーキャピタルの投資額は、ＩＴバブルのころは一〇〇〇億ドルを超えていた。その後はリーマンショックの影響などもあってしばらく低迷していたが二〇一三年ごろからは再び急激に伸びはじめ、二〇一五年は六三八億ドルと、ＩＴバブル期の六割まで回復してきている。

中国も深圳《シンセン》あたりにいくと、一兆円（一〇〇億ドル）規模のファンドが珍しくない。

とくにアメリカでトランプ氏が大統領とな

りＨ－１Ｂビザ（非移民就労ビザ）の発行基準が厳しくなってからは、ＥＢ－５ビザ（投資永住権）でシリコンバレーに集まっていた中国、インド、イスラエルなどの投資家たちがベンチャーの予備軍とともに、こぞって深圳に移ってきている。同じアジアでも日本、韓国、シンガポールにはやって来ないのだ。

アメリカではアントレプレナーが成功すると、事業を売却してベンチャーキャピタル側に回る。ＷＥＢサイト・ネットスケープの開発者であるマーク・アンドリーセン氏や先ほどのペイパル創業者のピーター・ティール氏などがそうだ。彼らは自分の経験があるので、提案をきいて「これはいける」というものを嗅ぎ分ける能力がある。その上で、お金だけでなくアドバイスも行い、役員も派遣するというハンズオンのスタイルで、投資先を育てていくのである。だから、「この人の助けを借りたい」とスタートアップの人たちのほうから、彼らのところに集まってくるのだ。

日本には、こういったスーパーエンジェルはほとんどいない。楽天の三木谷浩史氏にしても、投資家として出資し、いろいろな会社を買収しても、買収先の会社をマネージしたり、そこに人を派遣したりといったようなことまでは行わないのである。

図4

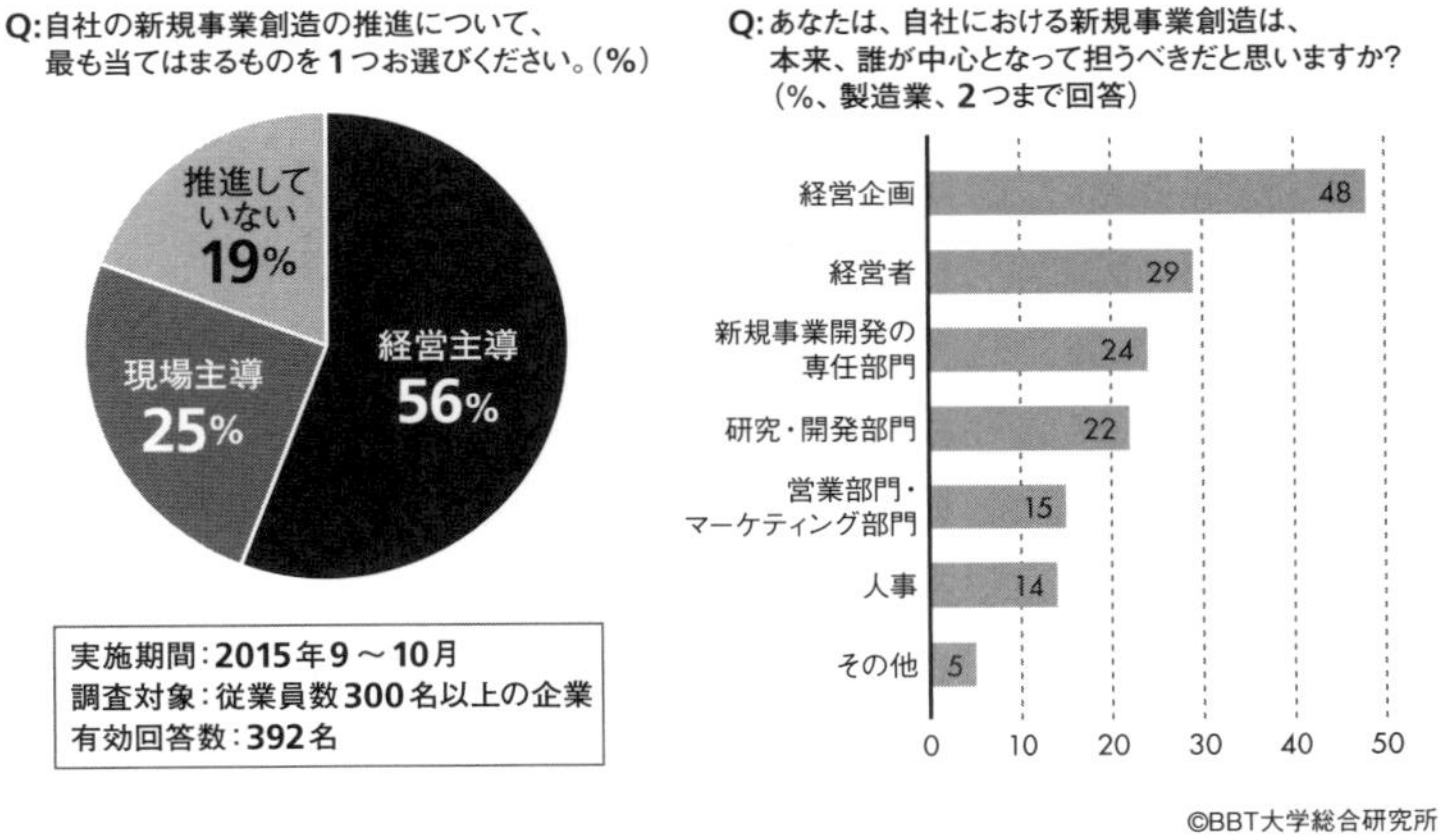

実施期間：2015年9～10月
調査対象：従業員数300名以上の企業
有効回答数：392名

社内に新規事業が育たない理由

新規事業の創造や推進は、経営主導で行うというのが一般的だ（図4）。本当は現場から新規事業が立ち上がってくるのが理想だが、現実的にはなかなか難しい。

また、新規事業を経営企画部に一任しているような会社は、あまりうまくいっていない。経営企画部のような部署には、たいてい頭のいいエリートが集められる。そういう人たちは失敗を恐れ、無意識のうちに回避しようとするから、斬新なアイデアを形にするような業務には向いていないのである。

図5

社内に新規事業が育たない理由

- **挑戦しない人が出世する仕組み**
  挑戦する人よりも、失敗しない人が評価される
- **部下に失敗させない文化**
  部下の失敗による火の粉が降りかかるのを恐れる上司が増加
- **PDCAの「P」ばかりやる**
  成功する確からしさを「机上」の計画で追求する
- **短期的成果の過剰な追求**
  新規事業を育てる期間が必要なのに性急に成果を求める
- **リスクの過大評価・完璧主義**
  やってみなければわからないことを、リスクをすべて洗い出して潰さないと前に進もうとしない
- **過去の成功体験・自社ルール**
  外部からの刺激を取り入れても、自社のルールを押し通して、新しい芽を摘み取ってしまう

新風・革新の芽を摘み取る社内風景イメージ

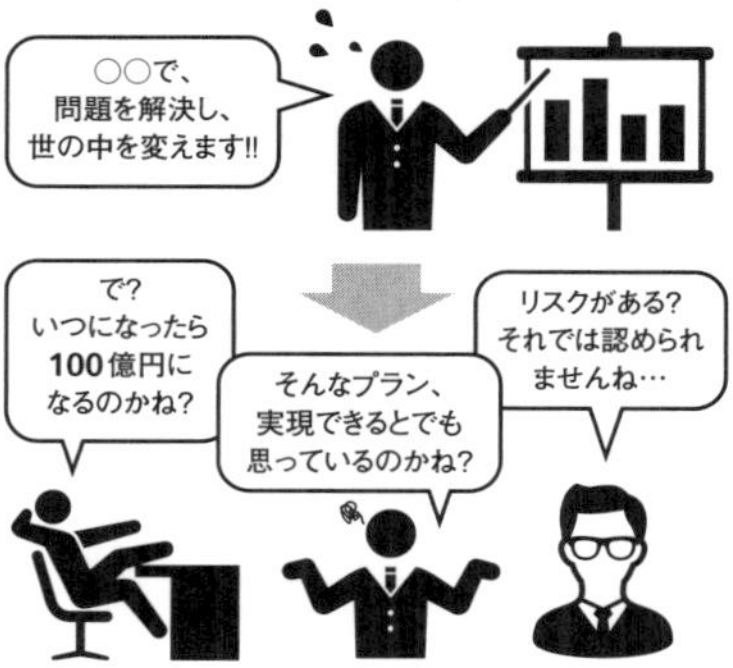

©BBT大学総合研究所

社内に新規事業が育たない理由はほかにもある。代表的なのは次の六つだ（図5）。

1．新しいことに挑戦して失敗した人よりも、最初から挑戦せず失敗もしない人のほうが評価される。

2．部下が失敗して自分にも火の粉が降りかかるのを嫌う上司が多い。

3．PDCAのPばかりで、Dから先に進まない。

4．新規事業が育つにはある程度時間が必要なのに、会社が性急に成果を求めてしまう。

5．そもそも新規事業がどうなるかはやってみなければわからないのに、事前にあらゆるリスクを洗い出して、それらをすべて解決しておくことが前提条件となってし

図6

日本企業の課題

イントラプレナーになろうという意欲のある社員に“母乳（持てるノウハウ）”と“種子（株式）”を与える仕組み、すなわち「新規事業の苗床」をつくることが必要

「新規事業の苗床」の事例

RECRUIT	●「32歳定年」「38歳定年」 ●トップマネジメントに出世する者以外は事実上、社内起業して自分で食い扶持を見つけるか、退職金をもらって独立する ●独立して起業する場合は、事業計画をプレゼンテーションし、会社が有望だと判断したら資本金を出してバックアップ
So-net	●マッキンゼーが提案した2つの新規事業を提案者自身が新会社として起業することになった際、資本金を出して支援 ●南場智子氏が創業したディー・エヌ・エー（DeNA） ●谷村格氏が創業したエムスリー（M3）
DMM.com	●創業者の亀山敬司氏直属プロジェクト、通称「亀チョク」を設置 ●社内外から事業アイデアを募り、亀山氏が直接審査し、事業資金を提供する仕組み

©BBT大学総合研究所

まっている。

6. 外部の人を入れたり、新しいやり方を取り入れたりしても、最終的にそれまでの自社のルールにあてはめようとするため、新しい芽が摘まれてしまう。

これらを防ぐには、自分はイントラプレナーになるのだという意欲ある社員に、「母乳（持てるノウハウ）」と「種子（株式）」を与え、「新規事業の苗床」をつくる仕組みを社内につくることだ（図6）。

上の図に新規事業の苗床の事例を挙げておくので参考にしてほしい。

リクルート

一九六〇年に東大の学生新聞である「東京大学新聞」の広告代理店として誕生したリクルートは、いまや日本を代表する情報サービス企業となっている。

創業者の江副浩正氏が経営者として秀逸だったのは、当初定年を三二歳と定めたことだ。入社したら一〇年で会社を辞めなければならないのである。ただし、その際は一〇〇〇万円の退職金が支給される。これを元手に自分で事業を起こせというわけだ。いまはもう少し延びて三八歳定年制となったが、それでも普通の会社と比べたら異例の早さである。

定年が六〇歳や六五歳だと新卒で入社した人は、自分が重要な仕事を任されるのは二〇年先だと考え、その間は上司から指示されたことだけしか行わないから、そういう働き方が染みついてしまう。ところが、一五年後には退職して、自分で起業するのがデフォルトとなっているリクルートだと、社員は誰にいわれなくても入社一年目から自発的に、将来自立して経営者になるための勉強を始める。そうしないと間に合わないからみな必死なのだ。

また、辞めるときもただ会社を去るのではなく、前もってリクルートの役員を相手に、自分の事業計画をプレゼンテーションする機会が設けられている。そして、そこで発表した事業プランが優秀だと「新しい事業部をつくって君を事業部長にするから、リクルートの社内でそれを行わないか」と残留を要請されることもあれば、リクルートのほうから「君の会社にリクルートもお金を出そう」と出資を打診されたりすることもあるという。

スタディサプリのような新しい事業が続々と生まれるのは、こういう仕組みがあるからだ。

So-net（ソネット）

So-netから依頼を受けたマッキンゼーは、三つの新規事業を提案し、そのうちの二つは提案者であるマッキンゼーとSo-netで新会社をつくって行うことにした。それが、現在のディー・エヌ・エー（DeNA）とエムスリー（M3）だ。創業者は元マッキンゼーの南場智子氏と、同じく谷村格氏。南場氏も谷村氏も、立ち上げ時にはともにSo-netから株式の二五%をもたせてもらっている。So-netには新規事業を引き受けられる人材がいなかったが、母乳（育てるノウハウ）を与えるシステムがあったから、外部から連れてくることができたのだ。

DMM.com

社内外からアイデアを募り、それを亀山敬司会長が直接審査、優れたものには事業資金を提供したり、アイデアを持ち込んできた人を雇用したりする通称「亀チョク」と呼ばれる仕組みがある。チャンスがありそうな事業には惜しみなく投資するというのが亀山氏の考え方で、この亀チョクからはオンライン英会話などの新規事業が生まれている。

ソニー、ホンダ、サントリーのとがった人材

かつての日本企業には、新規事業が生み出される企業カルチャーと、それを体現するとがった人材がそろっていた（図7）。ソニー、ホンダ、サントリーを例に挙げて説明しよう。

まずはソニー。その企業カルチャーをひと言でいうなら、「自由闊達にして愉快なる理想工場」だ。社内の技術者たちにとっては技術を極めることが喜びであり、また、それを社会的使命に感じて一人ひとりが働いていた。そういうカルチャーだったからこそ、ソニーからはトリニトロ

図7

かつての日本企業の新規事業を生み出す企業カルチャーと人材事例

	SONY	HONDA	SUNTORY
企業カルチャー	自由闊達にして愉快なる理想工場	ワイガヤ	やってみなはれ
内容	技術者たちが技術を極めることに深い喜びを感じ、その社会的使命を自覚して思いきり働ける安定した職場をつくる	新しい価値やコンセプトを創り出すために、「夢」や「仕事のあるべき姿」などについて、年齢や職位にとらわれずワイワイガヤガヤと腹を割って議論する	開拓者たる覚悟と責任を問う言葉。社員一人ひとりの次の一歩を後押しするドライブとなっている
人材事例	吉田 進、大越明男、宮岡千里（トリニトロンカラーテレビ） 大曾根幸三（ウォークマン） 大賀典雄（CBSソニー） 久夛良木 健（プレイステーション）	河島喜好（二輪開発/ドリームE型等） 久米是志（エンジン開発/ホンダF1初の空冷エンジンカー等） 中村良夫（初代ホンダF1チーム監督） 広瀬真人（人間型ロボット「アシモ」）	竹鶴政孝（山崎蒸溜所初代所長/ニッカウヰスキー創業者） 佐治敬三（ビール） 鳥井信一郎（飲料食品、海外進出など） 開高 健、山口 瞳、柳原良平（宣伝部）

社内のスタートアップをするスタッフに株を持たせるかどうかが大きな鍵となる。結果、CBS・ソニーをスタートした大賀氏は日本有数の金持ちとなった

ンカラーテレビをつくった吉田進氏・大越明男氏・宮岡千里氏、ウォークマンの大曾根幸三氏、CBS・ソニーレコードを立ち上げた大賀典雄氏、プレイステーションの久《く》夛《た》良《ら》木《ぎ》健氏といった進取の気性あふれる人材が何人も誕生したのである。

それからホンダ。ここの特徴は「ワイガヤ」で新しい価値やコンセプトを生み出すために、「仕事のあるべき姿」や「夢」などに関して、社員同士が年齢や肩書関係なく、ワイワイガヤガヤと腹を割って語り合うのがホンダのスタイルだ。ドリームE型などの二輪車を開発した河島喜好氏、マン島TTレースの競技車両用エンジンや、ホンダF1初の空冷エンジンカー、RA302のエンジン開発などに携わった久米是志氏、初代ホンダF1チーム監督を務めた中

村良夫氏、二足歩行ロボット「ASIMO（アシモ）」を開発した広瀬真人氏などの独創的な技術者を多数輩出している。そして今ではコーポレートジェットで売上台数トップになった小型ジェット機まである。

サントリーは、創業者鳥井信治郎氏の口癖である「やってみなはれ」が、そのまま企業カルチャーになっている。私が社外取締役を五年間務めたナイキの〝Just do it〟は、「やってみなはれ」の英語版だ。鳥井氏のあとも、ビール事業に進出した佐治敬三氏、積極的に海外進出を行った鳥井信一郎氏といった個性的な社長が続く。また、同社の宣伝部は昔から芥川賞作家の開高健氏、直木賞作家の山口瞳氏、アンクルトリスの生みの親である柳原良平氏など、ユニークな人材の宝庫である。

イントラプレナーを多数輩出する企業群

イントラプレナーを生み出すためには、経営者のコミットメント、新規事業を加速する制度整備、社員に対する教育の三つが必要だ（図8）。

では、イントラプレナーを多数輩出している企業は具体的にどうしているのかみてみよう。

図8

イントラプレナーを生み出す要素

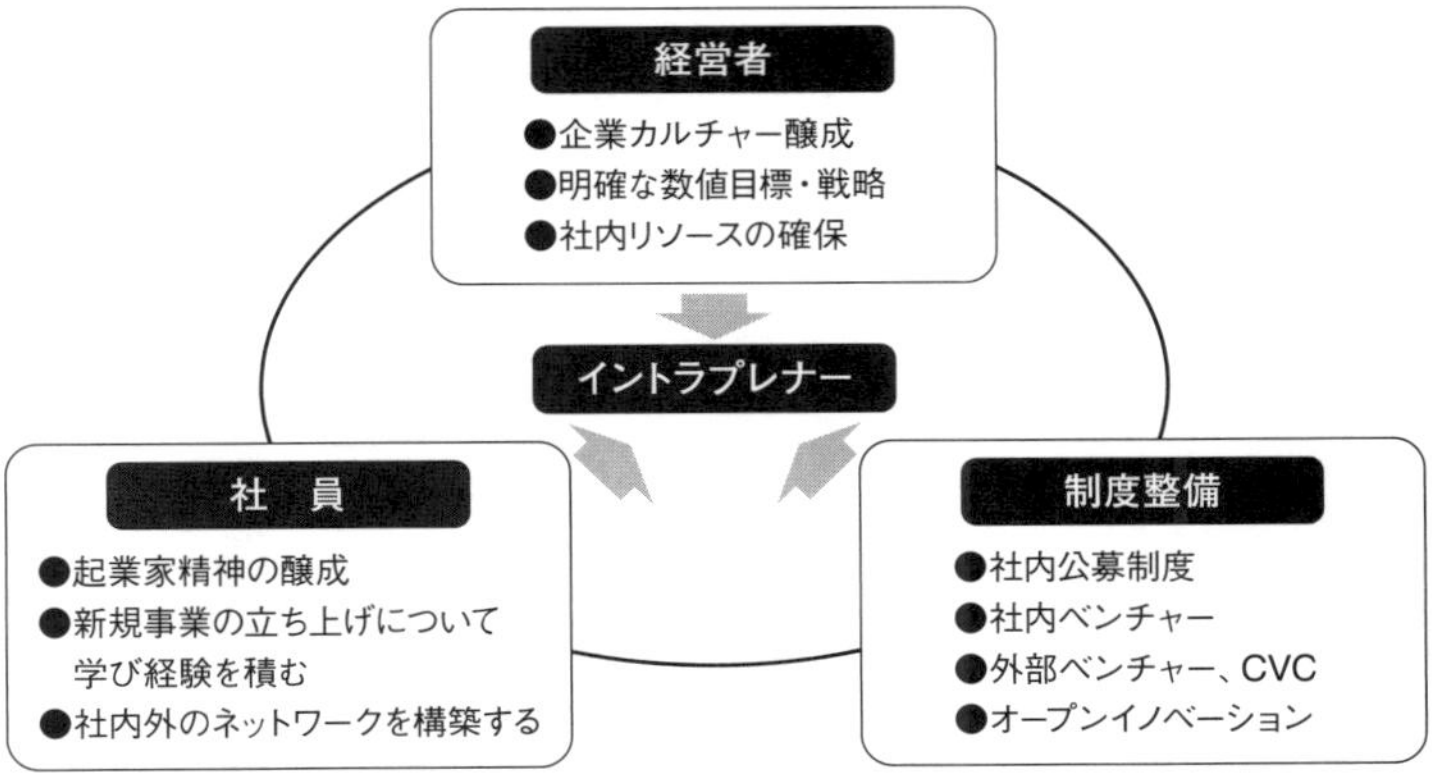

©BBT大学総合研究所

1．リクルートホールディングス（図9、10）

リクルートホールディングスは「社員皆経営者主義」を掲げ、常に新規事業を創造しながら成長し続ける会社だ。もともとは紙媒体が中心だったが、現在はネットとエンジニアの会社へと急激に変化しつつある。

社員皆経営者主義の風土を社内に浸透させるための仕掛けが、Ｎｅｗ　ＲＩＮＧという、新規事業を創造するための提案制度だ（二〇一八年から「Ｒｉｎｇ」に名称を変更）。一九八二年にＲＩＮＧ（Recruit innovation Group）として創出されたときは日常業務の改善活動に関する成果発表を行う会だったが、一九九〇年代に入るとこのＲＩＮＧは、新規事業の創出に特化したＮｅｗ

図9

リクルートホールディングスの新規事業開発の沿革

1982年
- リクルート従業員が小集団で活動し、新規事業を創造するシステムとして、RING（Recruit innovation Group）を創設
- 「社員皆経営者主義」の風土を全社的に浸透させることも目的

1990年
- イノベーション案件に特化し「New RING」としてリニューアル
- 現在に至るまで毎年開催され、この取り組みから「ゼクシィ」「ホットペッパー」「R25」「スタディサプリ」など、さまざまな新規事業が生まれる

2012年
- 分社化により、各社領域における新規事業開発は各社で推進

2014年
- リクルートグループで共通して取り組む新規事業制度として、ITを前提とした新ビジネスモデル開発を目的に「New RING-Recruit Ventures-」にリニューアル、年1回から毎月開催に変更し推進

リクルートホールディングスの媒体別売上構成比

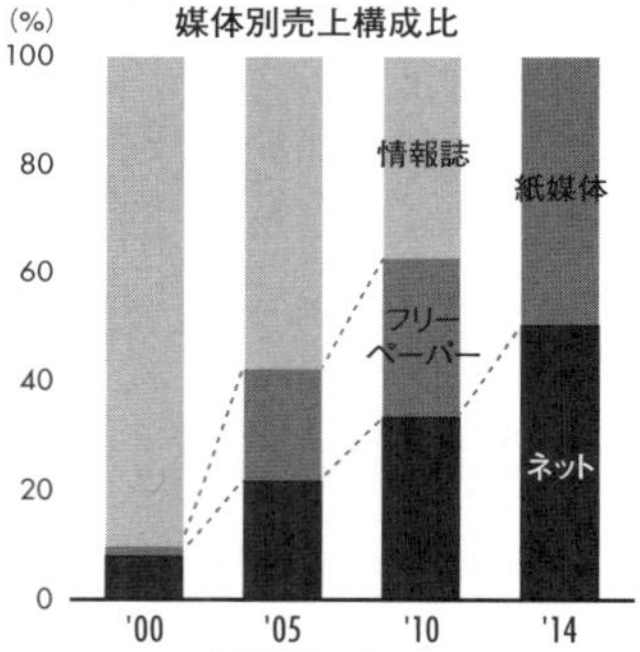

出版不況のなか、いち早く紙とネットの融合に挑戦・成功

©BBT大学総合研究所

図10

新規事業開発の組織体制

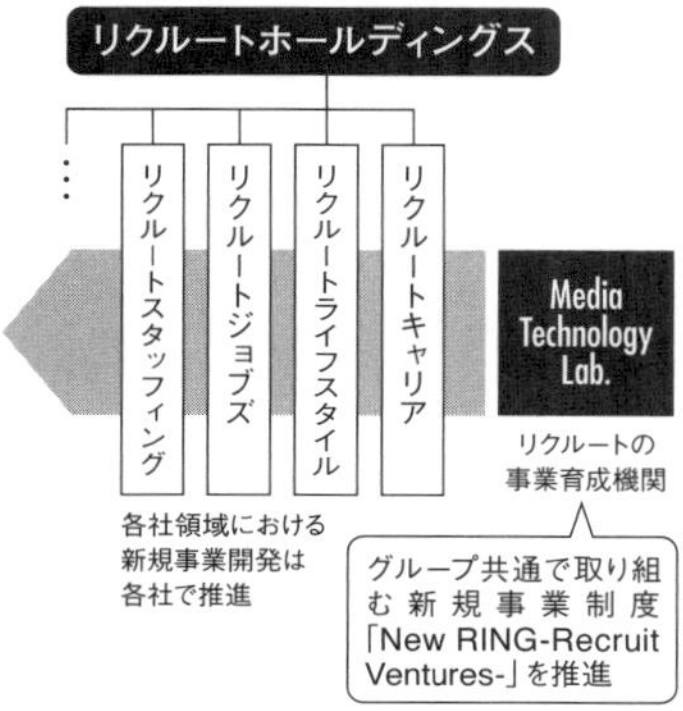

「New RING-Recruit Ventures-」の概要

目的：
ITを前提とした新ビジネスモデル開発。変化の激しいIT業界の潮流に対応し、開催頻度は年12回（毎月開催）。toC、toBの新たなサービス開発を強化する。年間1,000件ほど提案があり、うち事業化されるのは3〜4件ほど

参加対象：
- リクルートグループ会社に在籍する全社員（リーダー、メンバー）
- 社外参加者（メンバーとしてのみ）

ステップ：
- 1次審査通過後は実際にプロダクト開発（予算は500万円）
- 3カ月で開発。最終審査で案件が採択されると賞金200万円
- 以降、応募者は「リクルートテクノロジーインスティテュート」へ異動・出向となり、提案プロダクトの事業化に取り組む
- 上司は異動を拒否できない

©BBT大学総合研究所

ＲＩＮＧにリニューアルされた。その後『ゼクシィ』『カーセンサー』『R25』『ホットペッパー』『スタディサプリ』といったさまざまな新規事業が、このＮｅｗ ＲＩＮＧから生まれている。

二〇一二年の分社化以降は、グループ各社でＮｅｗ ＲＩＮＧが開催されるようになった。さらに、二〇一四年からは、グループの社員が一堂に会し、ＩＴを前提としたＢｔｏＣ、ＢｔｏＢの新ビジネスモデル開発と、より目的を明確にしたNew RING-Recruit Ventures-に進化。頻度も年一回から毎月開催に変更されている。

提案が一次審査を通過すると、会社からプロダクト開発費として五〇〇万円が支給される。提案者はそれを使って三カ月以内にプロダクトを完成させなければならない。そうして最終審査に臨み、その案件が採択された場合は、新たに賞金二〇〇万円を手にすることができるのだ。さらに、提案者は現在の部署からリクルートテクノロジーインスティテュートへ自動的に異動・出向となって、事業化を進める。その際、上司は異動を拒否することができない。

New RING-Recruit Ventures-の狙いは、一〇年後のリクルートの収益の柱となるような事業育成だ。また、エントリーから事業化、さらに部門化するまでの間に評価を行う場（ステージ）を設けて、基準に達したら次のゲートに進めるというステージゲート法を採用している（図11・左）。二〇一四年の新体制移行後にNew RING-Recruit Ventures-を通過した新規事業は、表の七件である（図11・右）。

図11

新規事業の立ち上げイメージ

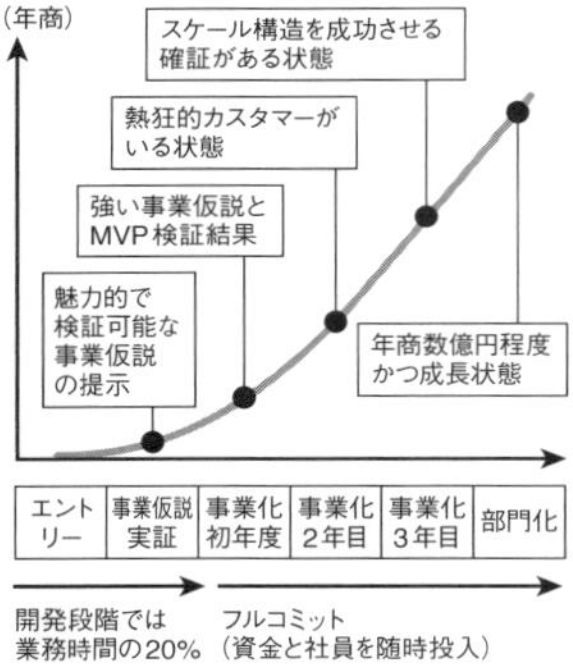

New RINGを通過した新規事業
（2014年4月の新体制への移行後）

年度	事業名	内容
14年	うさぎノート	日常的な先生から保護者への連絡最適化を通して、子育ての連携に貢献するサービス
	NinjaNavi	外国人旅行者向けの料理メニュー翻訳アプリ
	あいあい自動車	地域住民で共同所有の車を使って行う送迎サービス
15年	BRAIN PORTAL	アジアのODM/OEMメーカー、研究者などのネットワークと企業をマッチングするサービス
	CoPaNa（コパナ）	一時保育を探す保護者と一時保育可能時間を持つ保育園をマッチングするサービス
	PET'S ALLRIGHT（ペッツ・オーライ）	ペットの体調不良や病気の兆候を感じた際に、飼い主が撮影した症状の動画や問診票をもとに、獣医師によるアドバイスをオンラインで受けられるサービス
16年	knowbe（ノウビー）	就労系障害福祉サービスに通所する利用者が、施設に通いながら学ぶことができるオンライン学習プログラム

※現在、BRAIN PORTALは事業撤退

©BBT大学総合研究所

2. サイバーエージェント（図12）

通常、新規事業の創出というのは、経営戦略の一環だが、サイバーエージェントでは人事制度の中に組み込んでいる。事業と人材を一緒に育てるフレームワークで、新規事業を生み出しながら企業としても成長するというのが、サイバーエージェントの経営の特徴だ。

社員に対してはチャレンジできる環境を用意する、決断経験を増やす、失敗してもセカンドチャンスを与えるということを徹底して行っている。

サイバーエージェントが新規事業を生み出す仕組みには、「あした会議」と「NABRA（ナブラ）」がある（図13）。

図12

サイバーエージェント・オーガニックグロース・フレームワーク

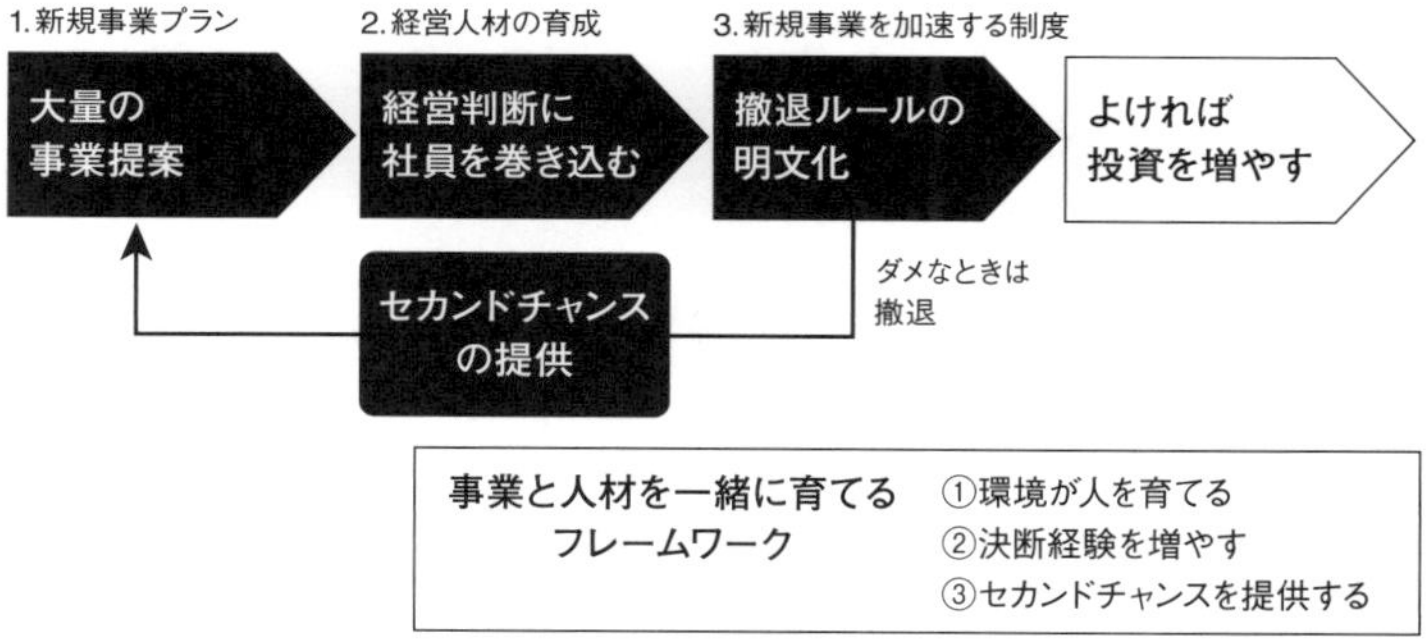

©BBT大学総合研究所

図13

1.新規事業プランの創出

あした会議

- 役員がチームリーダーとなり社員とチームを組んで、サイバーエージェントの“あした”をつくる新規事業案や課題解決案などを提案する1泊2日の合宿
- 年に2度開催。この会議から毎回複数の事業立ち上げが決定
- 新規事業を提案する人と実行する人は別でも良い
- これまでにあした会議で設立が決まった子会社は28社

NABRA（ナブラ）

- 社員による新規事業創出グループ
- 役員による最終審査などもなく、投資委員会で決裁されればそのまま事業立ち上げとなる
- 10名のメンバーから構成され、自身の事業案が決裁されればそのまま事業立ち上げに移り、また新たなメンバーが追加される
- 他社と共同での事業プランを発掘することも検討している

©BBT大学総合研究所

あした会議とは、役員がチームリーダーとなり、社員とチームを組んで、サイバーエージェントの〝あした〟をつくる新規事業案や課題解決案などを提案する一泊二泊の合宿のこと。新規事業の提案者と実行者は同じでも違っていてもかまわない。年に二回開催され、これまでこのあした会議からは二八の子会社が生まれている。ちなみに、サイバーエージェントの主要事業であるゲーム事業も、あした会議がきっかけで誕生した。

NABRAは、社員が事業案を考え、自ら事業責任者になって事業立ち上げまで行う新規事業創出グループ。全社から選抜された一〇名のメンバーで構成される。NABRAの提案はあした会議のように藤田晋社長や役員の審査を経る必要はなく、投資委員会で決裁されれば、すぐに事業立ち上げとなり、また新たなメンバーが選出される。メンバーの任期は最長一年。その間に事業を立ち上げることができないと、強制的にメンバー総入れ替えとなる。

今後は、他社と共同で事業を行うといったことも視野に入れているということだ。

経営人材を育成する環境もユニークだ（図14）。

CA8（業務執行取締役交代制度）は、八人の取締役を原則二年ごとに二人ずつ入れ替える制度。事業戦略に合わせた役員構成とすることと、経営人材を多く保有することで組織を強くし、事業拡大を起こしやすい会社にするのが狙いである。入れ替えによって社内に経営の視点をもった取締役経験者が増えれば、その分組織は厚みを増す。CA18（次世代経営者育成制度）は、取締役八名と、次世代経営者の育成や経営の透明性向上という目的から選抜された執行役員一

図14

2.経営人材の育成

CA8	●取締役の人数を8名と定め、2年ごとに原則2名の取締役を入れ替え ●経営人材を多く保有することで強い会社組織体制をつくり、事業拡大を目指す
CA18	●CA8の8名に加え、次世代経営者の育成や経営の透明性向上の目的から選抜された執行役員10名を合わせてCA18とする制度 ●執行役員の任期は1年。最年少は28歳
CA36	●次世代リーダー育成制度 ●若手社員、主に20代を中心に部署・職種関係なく18名を選抜し、役員が講師となる月1回の研修を行う
新卒社長	●新卒としてサイバーエージェントに入社し、子会社の社長に就任する社員のこと ●入社1年目から子会社社長に就任するケースもある。これまでに40名が誕生 ●子会社の社長に就任した場合、予算の範囲内で自らの報酬額を決定する

〇名を合わせて一八名とする制度。執行役員一〇名のうち原則三名が、一年に一度入れ替わる。なお、執行役員の最年少は二八歳である（CA8、CA18は二〇一八年一〇月四日に廃止）。

CA36（次世代リーダー育成制度）は、二〇代を中心に次世代リーダー候補一八名を選抜し、役員が講師となって月一回研修を実施する制度。部署や職種関係なく選ばれるので、社内の風通しがよくなる。また、若手と役員とのコミュニケーションの場ともなっている。

新卒社長とは、文字どおり新卒入社の社員が子会社の社長になることを指す。他の企業でも新卒入社者の社長就任は珍しいことではないが、サイバーエージェントが際立っているのは、入社から社長就任までの

図15

3.新規事業を加速する制度

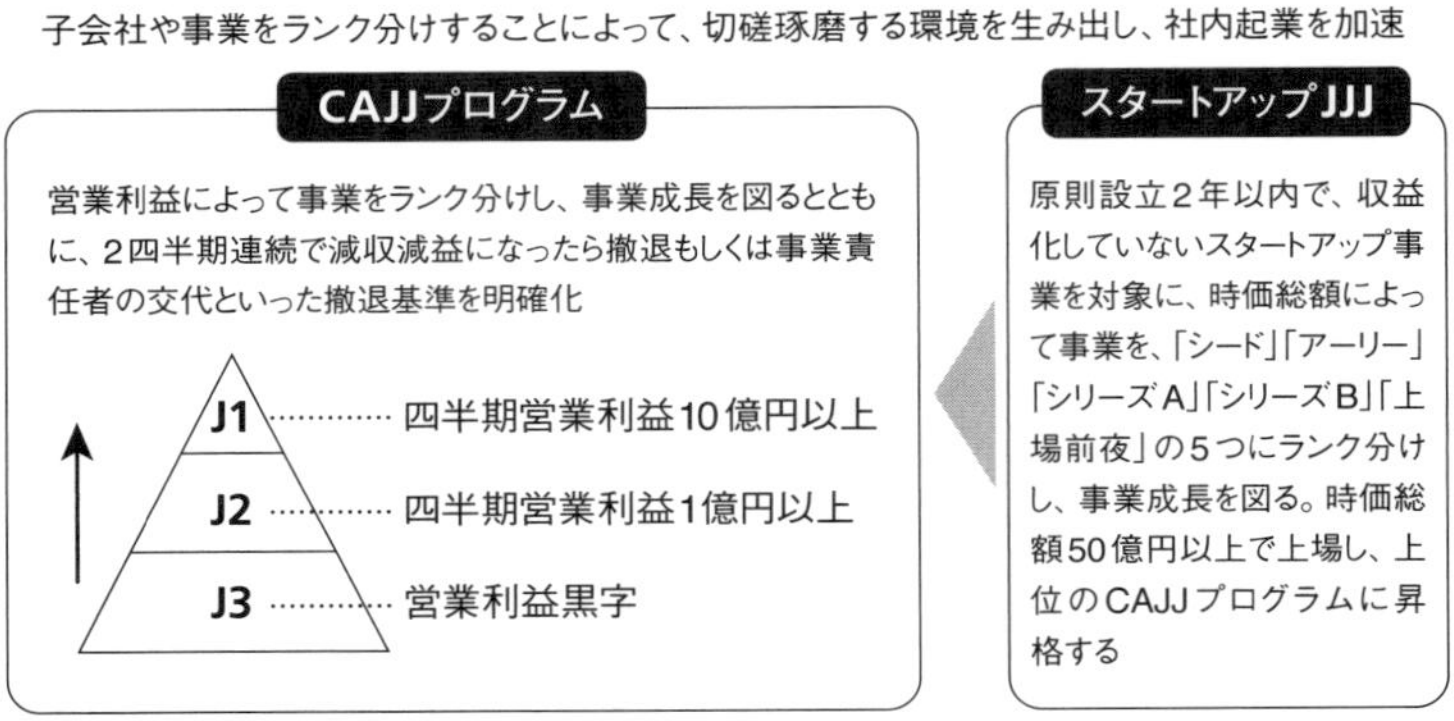
子会社や事業をランク分けすることによって、切磋琢磨する環境を生み出し、社内起業を加速
CAJJプログラム
営業利益によって事業をランク分けし、事業成長を図るとともに、2四半期連続で減収減益になったら撤退もしくは事業責任者の交代といった撤退基準を明確化
J1 四半期営業利益10億円以上
J2 四半期営業利益1億円以上
J3 営業利益黒字
スタートアップJJJ
原則設立2年以内で、収益化していないスタートアップ事業を対象に、時価総額によって事業を、「シード」「アーリー」「シリーズA」「シリーズB」「上場前夜」の5つにランク分けし、事業成長を図る。時価総額50億円以上で上場し、上位のCAJJプログラムに昇格する

©BBT大学総合研究所

期間の短さだ。早い人はなんと入社前の内定者の段階で社長になっていて、これまで四〇人の新卒社長が誕生している。

「スタートアップＪＪＪ」

サイバーエージェントには事業を創出し、成長を促すだけでなく、事業の撤退基準を明確に定めた制度もある（図15）。それが、すでに収益化している事業を対象とした「ＣＡＪＪプログラム」と、原則設立二年以内のスタートアップ事業を対象とした「スタートアップＪＪＪ」だ。

ＣＡＪＪプログラムは、サイバーエージェント（ＣｙｂｅｒＡｇｅｎｔ）事業（Ｊｉｇｙｏ）人材（Ｊｉｎｚａｉ）育成プログラムの略。営業利益の大きさによって事業をＪ１からＪ３まで三段階に分け、昇格や降格の基準を設けて事業管理を行っている。二四半期連続で減収減益になったら撤退、もしくは事業責任者の交代というように、撤退基準も明確にしている。

スタートアップＪＪＪは、新規事業の事業（Ｊｉｇｙｏ）人材（Ｊｉｎｚａｉ）時価総額（Ｊｉｋａｓｏｕｇａｋｕ）育成プログラムの略。原則設立二年以内で、収益化していないスタートアップ企業が対象。時価総額によって「シード」「アーリー」「シリーズＡ」「シリーズＢ」「上場前夜」の五段階にランク分けして管理し、事業の成長を図る。時価総額が五〇億円以上になると上場し、上位のＣＡＪＪプログラムに昇格する。シードが六四半期（一年半）続く、あるいは粗利益が三四半期連続で減少した場合は、事業の撤退を余儀なくされる。

サイバーエージェントはインターネットの広告事業からスタートした後、アメーバブログやスマホゲーム、ＡｂｅｍａＴＶなどゲームやメディア分野でも新規事業を次々と立ち上げ、ポートフォリオを組み替えながら成長してきている（図16）。

このあたりは紙媒体からＥＣへと事業の中心を移してきたリクルートに似ているといえるかもしれない。

3. 寺田倉庫（図17）

寺田倉庫は一九五〇年創業の老舗企業だ。倉庫業界においては中堅に位置し、大手のような

図16

サイバーエージェントの事業構成と新規事業事例

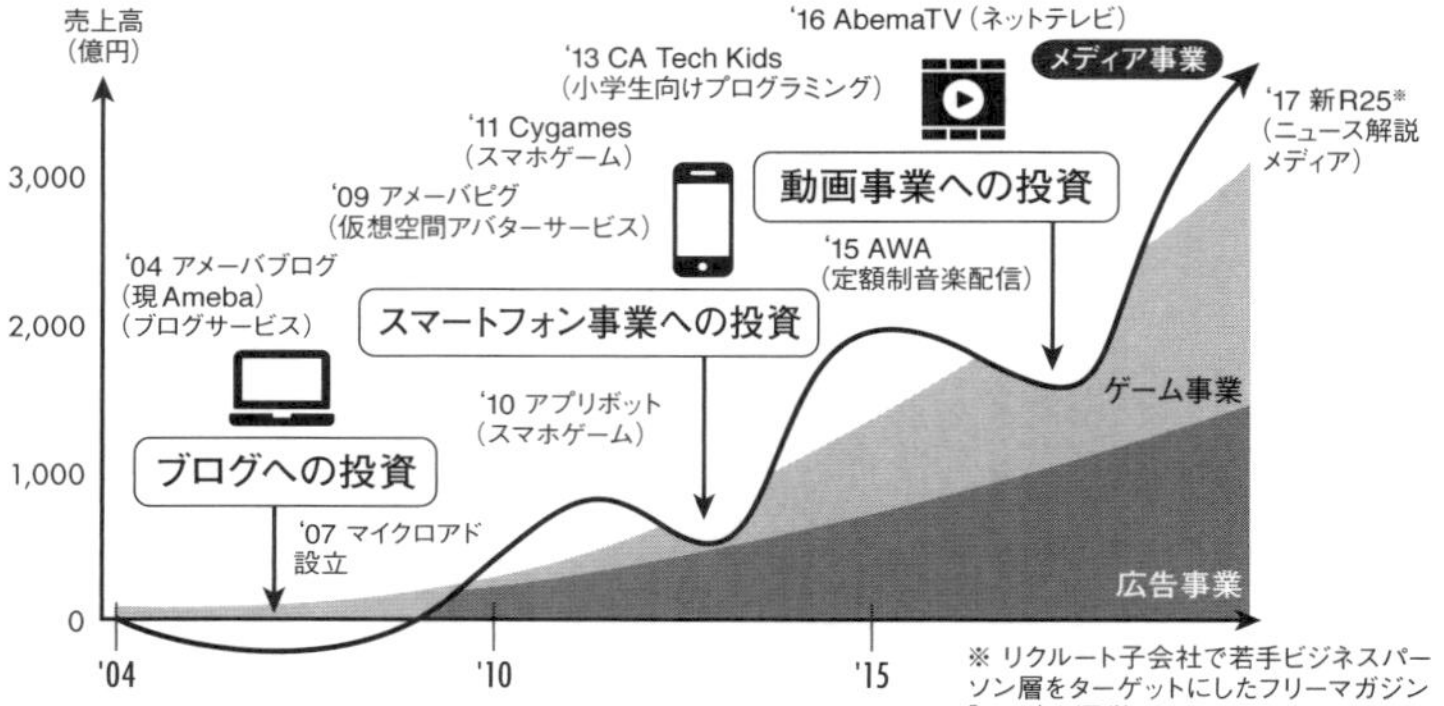

※ リクルート子会社で若手ビジネスパーソン層をターゲットにしたフリーマガジン「R25」を運営してきたMedia Shakersの全株式を譲り受ける

図17

寺田倉庫の新規事業を生み出す方法

- 寺田倉庫は1950年創業の老舗企業
- 倉庫業界の中では中堅に位置し、事業を広げながらも踏みとどまっていたが、大手企業のようなスケールメリットは出せない状況
- 2010年の変革により、本来持っているベンチャー精神を取り戻そうと、**まずは事業の選択と集中を進めた**
- その際の基準は、大手のように広大な土地はないため、時代のニーズに対応し、他社と差別化を図ったニッチな分野で付加価値を創造する事業

- そこから、荷物をクラウド管理できる「minikura」、ワインをクラウド管理する「TERRAD WINE STORAGE」、希少性の高い画材を取り揃えた画材ラボ「PIGMENT（ピグモン）」など新サービスが次々に立ち上がっている
- 新規事業の立ち上げを経験することで、イントラプレナーが育ってきており、次の事業を生み出す循環が出来つつある

スケールメリットは出せないながらも、なんとか踏みとどまってきた。しかし、このままではジリ貧は免れないため、二〇一〇年に改革に乗り出す。大手のような広大な土地は所有していないので、時代のニーズをとらえ、ニッチな分野で付加価値を創造する事業に集中し、他社と差別化を図ることにした。

その結果、荷物のクラウド収納サービス「ｍｉｎｉｋｕｒａ」、ワインをクラウドで管理する「ＴＥＲＲＡＤ ＷＩＮＥ ＳＴＯＲＡＧＥ」、希少性の高い画材を取りそろえた画材ラボ「ＰＩＧＭＥＮＴ（ピグモン）」といった新サービスが続々と誕生したのである。

また、新規事業開発に会社が積極的に取り組むようになると、経験値が社内に蓄積されるので、イントラプレナーが育ちやすくなり、次々と新規事業が生まれるという好循環ができてくる。寺田倉庫はこの循環が、非常にうまくいっているといっていいだろう。

ｍｉｎｉｋｕｒａは、ひと箱毎月二〇〇円で倉庫に預けた荷物をクラウド管理できる新サービスである（**図18**）。また、ｍｉｎｉｋｕｒａのシステムをＡＰＩとして他社に提供することによって実現したファッションアイテムのレンタルサービス「ａｉｒＣｌｏｓｅｔ」や、お手軽トランクルームアプリ「Ｓｕｍａｌｌｙ」といった人気サービスも誕生した。

図18

minikuraのAPIビジネスフロー

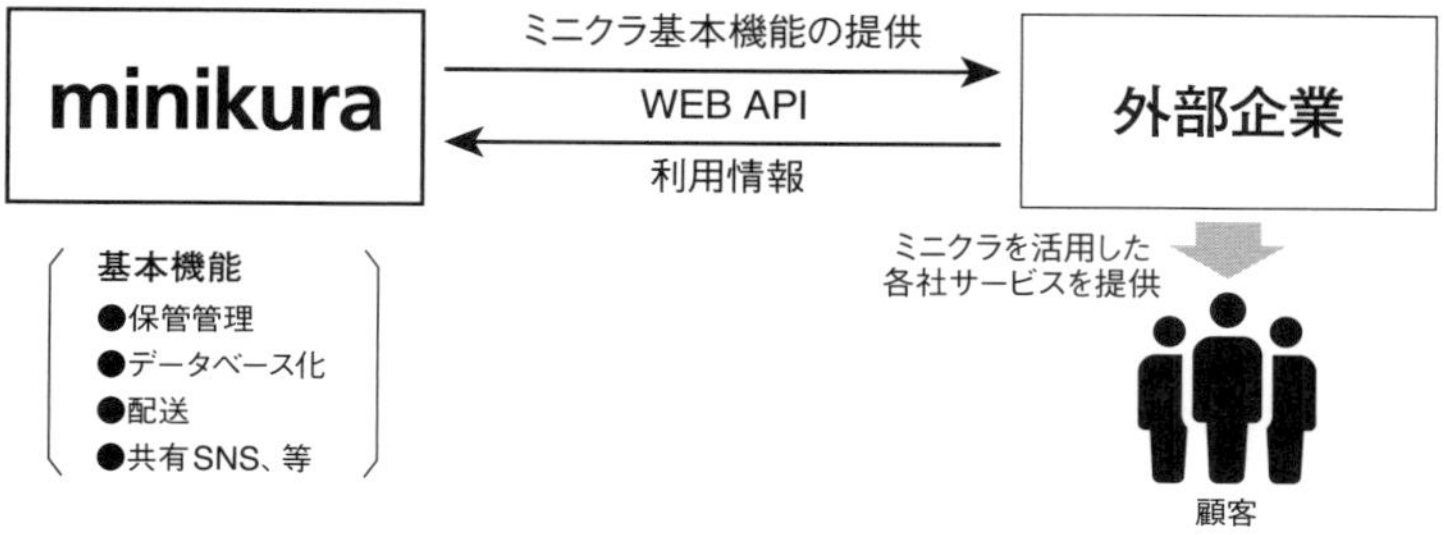

●「minikura（ミニクラ）」は、ひと箱毎月200円で倉庫に預けた荷物をクラウド管理できる新サービス
●同システムをAPIとして他社に提供することによって実現したファッションアイテムのレンタルサービス「airCloset」やお手軽トランクルームアプリ「Sumally」といった、人気サービスも誕生

©BBT大学総合研究所

4. ソニー（図19）

「Seed Acceleration Program（SAP）」は、二〇一四年四月にスタートしたソニーの新規事業創出プログラムだ。社外を巻き込むオープンイノベーションを活用し、アイデアを形にするスピードを加速しながら、新たな事業を継続的に立ち上げていくことを目指している。

5. ソフトバンク（図20）

ソフトバンクは「SBイノベンチャー」というインキュベーション専門子会社で、グループ内の社内ベンチャー制度の運営と事業化を推進している。

図19

ソニーのSeed Acceleration Program（SAP）の仕組み

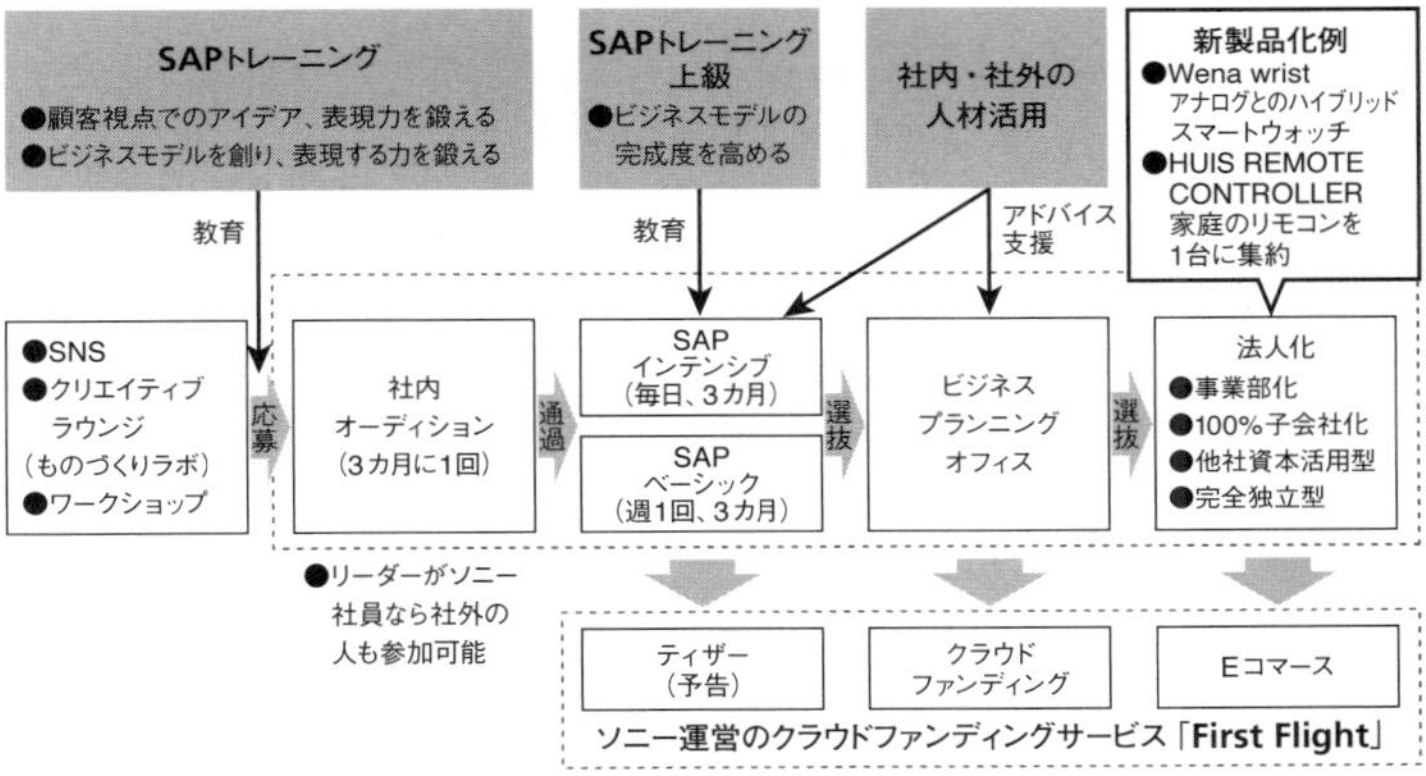

©BBT大学総合研究所

図20

ソフトバンクのSBイノベンチャーの役割

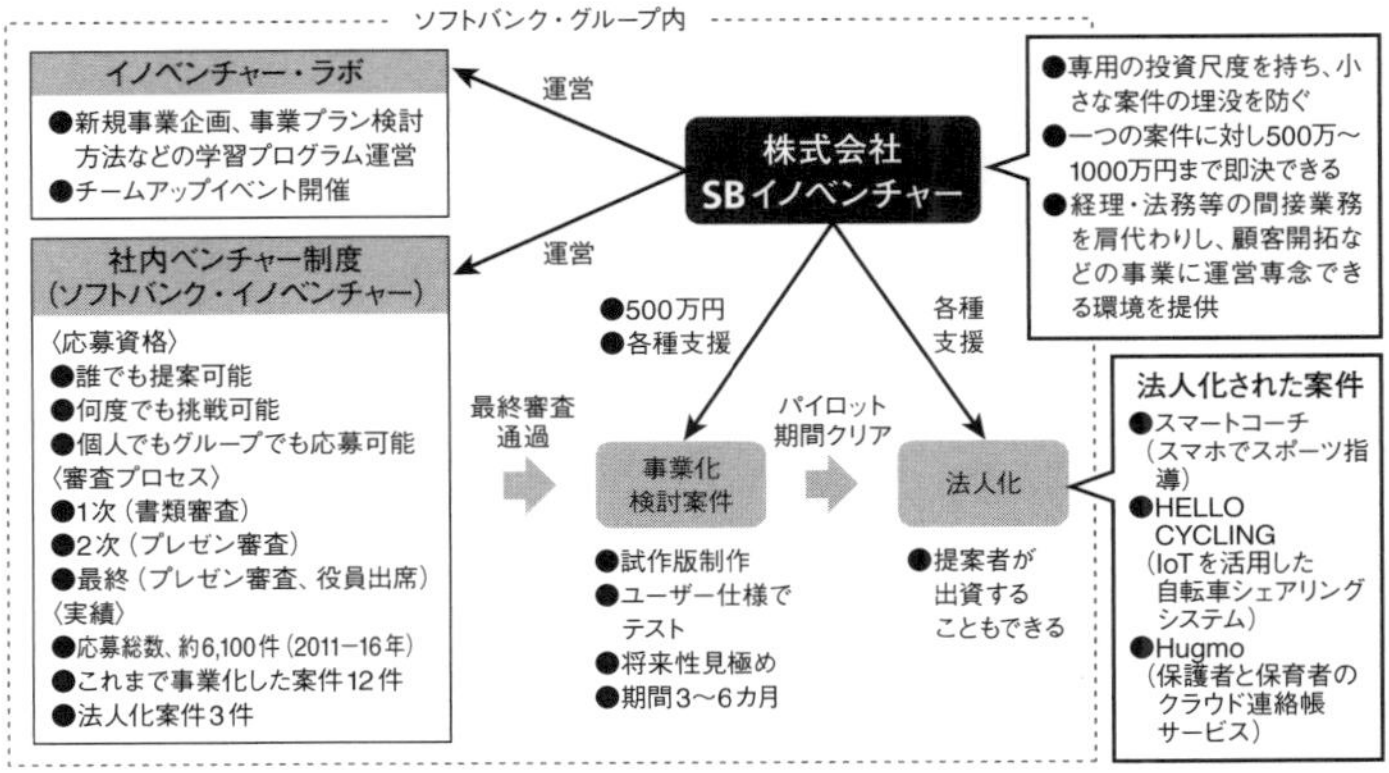

©BBT大学総合研究所

図21

日本交通の「JapanTaxi」の開発

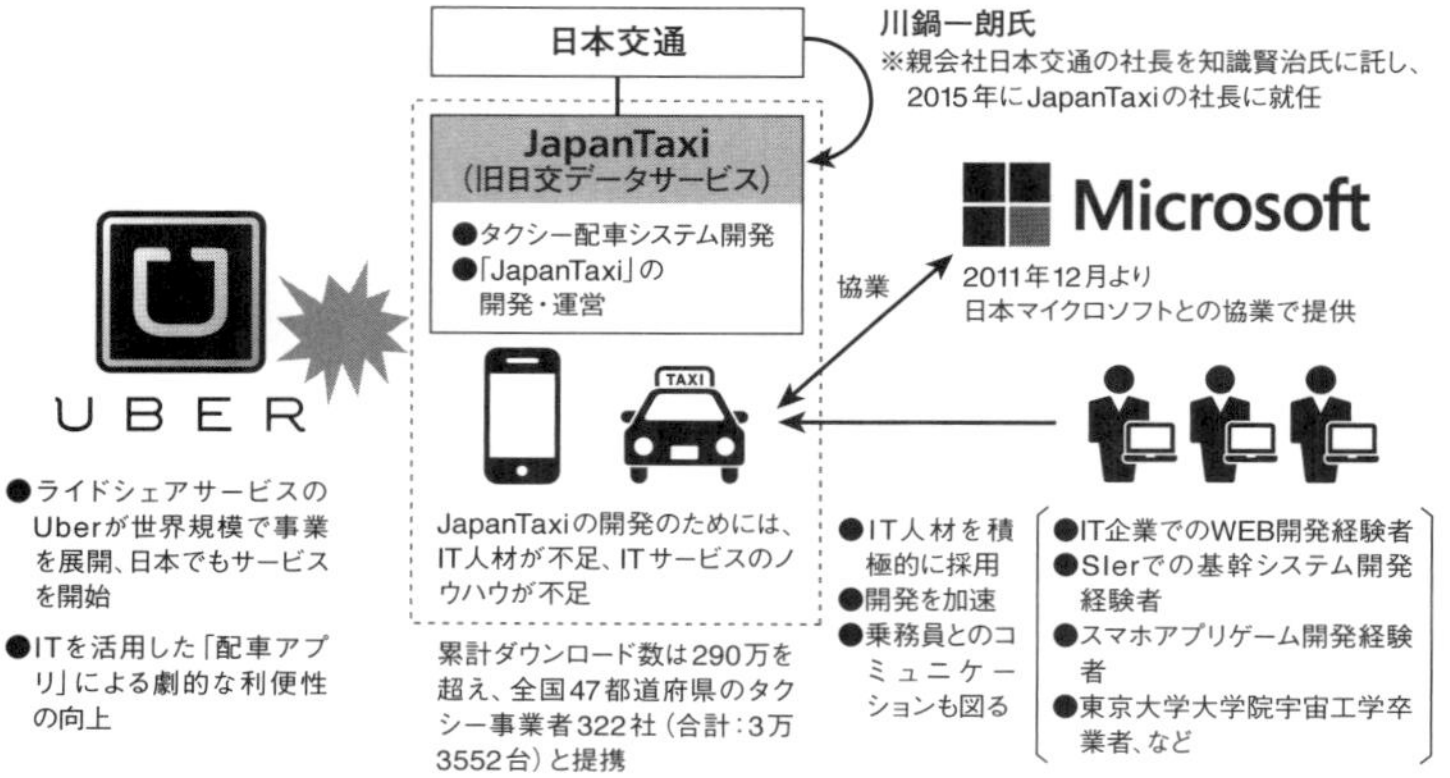

©BBT大学総合研究所

6. 日本交通（図21）

日本交通は、ライドシェアサービスで急成長している米Uberの日本進出に対抗するためにJapanTaxi（旧日交データサービス）を設立し、日本マイクロソフトとの協業でタクシー配車システムである「JapanTaxi」を開発し、Uber同様のサービスを開始した。JapanTaxiは立ち上げにあたり、日本交通のトップを退いた川鍋一朗氏が社長に就任して陣頭指揮を執った。それほどUberに対し危機感を抱いたのである。

　JapanTaxiはタクシー業界の外部からもIT人材を積極的に採用し、急ピッチでアプリを完成。すでに全国四七都道

図22

シスコシステムズの社内外のイノベーションへの取り組み

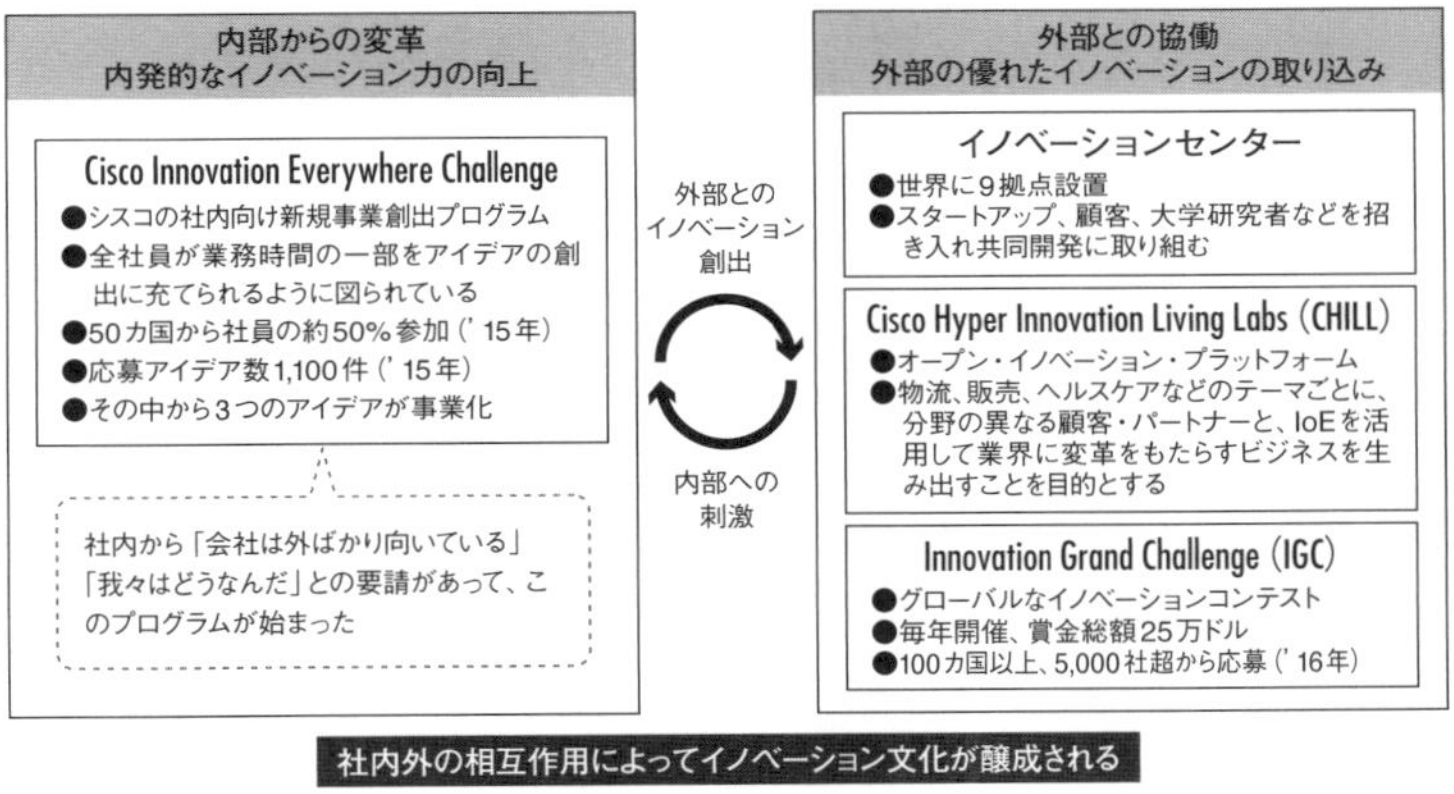
内部からの変革
内発的なイノベーション力の向上
Cisco Innovation Everywhere Challenge
●シスコの社内向け新規事業創出プログラム
●全社員が業務時間の一部をアイデアの創出に充てられるように図られている
●50カ国から社員の約50%参加（'15年）
●応募アイデア数1,100件（'15年）
●その中から3つのアイデアが事業化
社内から「会社は外ばかり向いている」「我々はどうなんだ」との要請があって、このプログラムが始まった
外部とのイノベーション創出
内部への刺激
外部との協働
外部の優れたイノベーションの取り込み
イノベーションセンター
●世界に9拠点設置
●スタートアップ、顧客、大学研究者などを招き入れ共同開発に取り組む
Cisco Hyper Innovation Living Labs（CHILL）
●オープン・イノベーション・プラットフォーム
●物流、販売、ヘルスケアなどのテーマごとに、分野の異なる顧客・パートナーと、IoEを活用して業界に変革をもたらすビジネスを生み出すことを目的とする
Innovation Grand Challenge（IGC）
●グローバルなイノベーションコンテスト
●毎年開催、賞金総額25万ドル
●100カ国以上、5,000社超から応募（'16年）
社内外の相互作用によってイノベーション文化が醸成される

©BBT大学総合研究所

府県のタクシー事業者三二社と提携し、アプリの累計ダウンロード数は二九〇万を超えている。

その甲斐もあって、いまのところUberは日本のタクシー業界の脅威にはなっていないようだ。

7. シスコ（図22）

シスコシステムズは、内部からの変革と外部との協業という両面からイノベーションに取り組んでいる。

内発的なイノベーション力の向上には、Cisco Innovation Everywhere Challenge という社内向け新規事業創出プログラムを用意している。

一方、外部の優れたイノベーションを取

り込むためには、世界中にイノベーションセンターを九カ所設置して、そこでスタートアップ、顧客、大学研究者などと共同開発を行っている。また、Cisco Hyper Innovation Living Labs（CHILL）は、物流、販売、ヘルスケアなどのテーマごとに分野の異なる顧客やパートナーと一緒に、IoE（Internet of everything）を活用して業界に変革をもたらすビジネスを生み出すことを目的としたオープン・イノベーション・プラットフォームだ。さらに、Innovation Grand Challenge（IGC）というグローバルなイノベーションコンテストも毎年開催している。賞金総額は二五万ドル。二〇一六年は一〇〇を超える国から五〇〇〇社以上の応募があったということだ。

8. Adobe（図23）

Adobeは「Kickboxプロジェクト」を通して、イノベーションを生み出すための人材の育成と、それを可能にする組織文化の醸成を目指している。

Kickboxプロジェクトの参加者には、一〇〇〇ドルがチャージされたプリペイド式クレジットカード、砂糖（チョコレート）とカフェイン（スターバックスのギフトカード）、プロジェクトの進め方の指南書と必要なツールが入った赤い箱が渡される。これを受け取った人は二日間のワークショップに参加した後、レベル一からレベル六までのステップを進みながら、自分

図23

Adobeの取り組み

Kickboxプロジェクト

名称	Kickboxプロジェクト
目的	●イノベーションを起こすことを目的としない ●その前に、失敗を繰り返すことでイノベーターを育て、イノベーションを生み出せる組織文化を創ること
方法	●参加者にはイノベーションを起こすために必要な要素が詰まった赤い箱が渡される ●参加者は2日間のワークショップに参加し、その後は記載された6つのステップに沿って、それぞれがアイデアを試行錯誤していく
結果	●これまで1,400以上のプロジェクトがKickboxによって実施 ●Creative CloudやAdobe Lightroomに関連する幾つかのアイデアがすでに事業化 ●事業化には至らなかったものの、事業開発プロセスでのリーダーシップや失敗から学ぶ姿勢を評価され、プロダクトマネージャーに抜擢されるなど、隠れた才能の発掘にもつながっている

Kickboxの中身

●砂糖（チョコレート）

●カフェイン（スターバックスのギフトカード）

●プロジェクトの進め方が記載された指南書

●1,000ドル（約12万円）のプリペイド式クレジットカード、が入っている

のアイデアを事業計画に高めていく。これまでＫｉｃｋｂｏｘでは一四〇〇以上のプロジェクトが実施されている。

ただし、完成までの期限は定められておらず、失敗したからといってペナルティを科せられたり、評価が下がったりすることもない。なぜなら、このＫｉｃｋｂｏｘプロジェクトの目的はイノベーションを起こすことではなく、失敗を繰り返すことでイノベーターという人種を育てることだからだ。

9. GE（図24、25）

ＧＥはシリコンバレーからリーン・スタートアップ「ファストワークス」のやり方を学び、新製品や新サービスの立ち上げに

図24

GE流リーンスタートアップ「ファストワークス※」

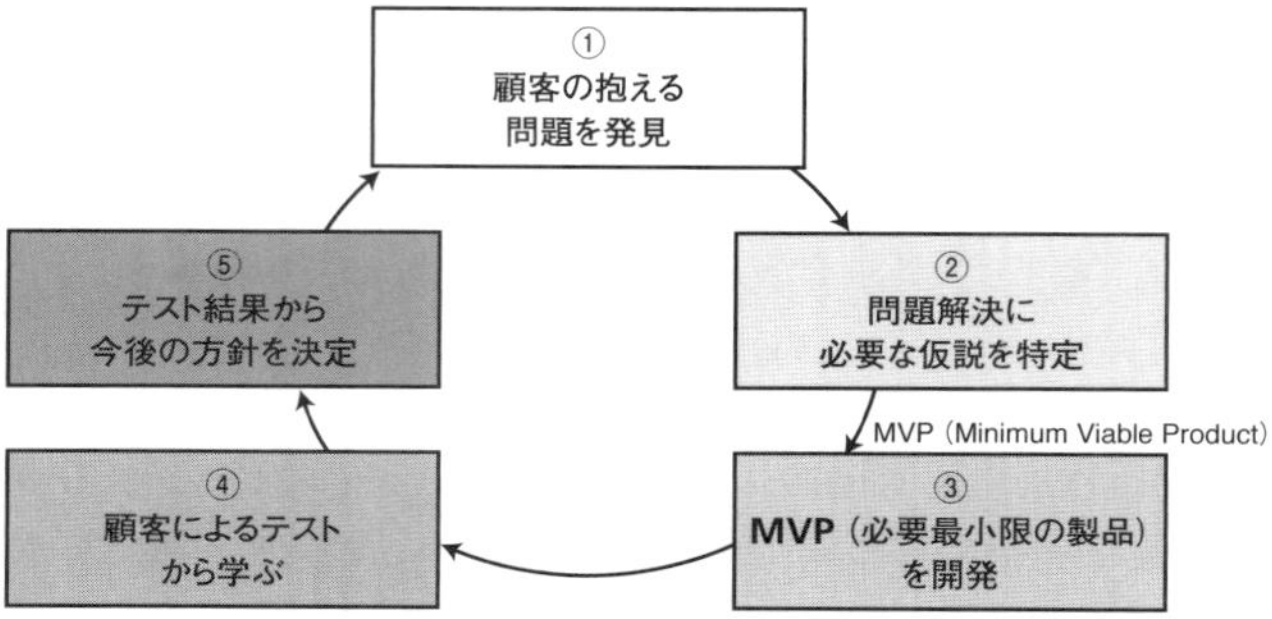

※ シリコンバレー流の新しいサービス開発手法を紹介した書籍『リーン・スタートアップ』に感銘を受けたイメルトCEOが著者エリック・リース氏に直々に協力を依頼して開発。
GE流に改良し、社内で研修プログラムとして取り入れた

図25

ファストワークスを活かしたプロジェクト

- 60～90日間の第1段階で2万5000～5万ドルの資金、2～3人の専任メンバーが提供
- 1次審査を通るとチームは新たに5万～15万ドルの資金を得て、メンバーは5～7人に拡充
- 同時並行で複数のプロジェクトを走らせ、審査を経ながら徐々に有望な製品開発に絞り込む
- 既にGEは、グローバルで200～300件のプロジェクトにファストワークスを適用している

- 従来はプロジェクトを始める段階でまず承認を得れば、豊富な資金と人員が配分
- 仮に途中で顧客ニーズや市場の変化とズレていると分かっても後戻りができず、方向転換しづらかった

ガスエンジンの開発にファストワークスを用いて、最初のMVPを90日で作り上げた実績がある。

従来は5年程度の開発期間を経て、顧客に納めていた

活用し、大きな成果をあげている。

それ以前は、新規プロジェクトは承認されたらすぐに豊富な資金と人員が配分されてスタートし、途中で顧客ニーズや市場の変化とズレが生じても、後戻りや方向転換がなかなかできなかった。また、製品の開発はプロダクト・ライアビリティ（PL）の問題もあるので、最低でも五年かけて完成品をつくり納品していた。ところが、ファストワークスを取り入れてからは、最初のMVP（Minimum Viable Product）を九〇日でつくって納め、それを顧客にテストしてもらい、その結果を踏まえて修正をするとしたため、完成品に至るまでの期間が格段に短くなったという。

すでにGEはグローバルで二〇〇〜三〇〇件のプロジェクトにファストワークスを適用している。

10. シンガポール（図26、27）

シンガポールは、国は事業体＝シンガポール株式会社という考え方で運営されている。だから、日本と違って役割を終えた役所はつぶすか民営化してしまう。また、資源がない国が生き残るためには、現状に安住せず、常に革新的でなければならないという国の方針があるため、官僚にも起業家精神が求められている。

図26

シンガポールの国家運営の考え方

○シンガポールは、東京23区ほどの面積で、天然資源どころか水すらも十分にない島国

○資源もない国が生き残るためには、現状に安住していてはいけない。絶えず革新と起業家精神を持ち続けることが重要

○戦略的な立地条件を活かし、他の国が必要とする国になる

↓

○そのためには視野を世界に開き、世界中の人材と切磋琢磨することが必要
（エリート選抜、二言語教育、高度人材受け入れ）

図27

経済開発庁（EDB）の人材育成方針

■ミッション

○シンガポールの経済発展に寄与する外国企業の誘致、および各種企業活動のサポート

■人事研修・評価システム

○年間120時間の外部トレーニング

○民間企業で働くことを推奨。民間で身につけた能力を行政で活用したり、外国企業のトップと対等にわたり合う能力を磨く

○人事は完全な能力主義の「Up or Out」式。年次に関係ない能力による昇級

○各人の能力は200以上に分類されたランクにより決定。3年間ランクが下位5%だとアウト

■給料システム

○給料は固定給と変動給からなる。変動給の部分は、シンガポールの上場企業1,000社の社長の平均報酬およびGDP成長率と連動

○トップクラスの官僚の年収は1億円を超える

シンガポールのＥＤＢ（経済開発庁）のミッションは、経済発展に寄与する外国企業の誘致と、各種企業活動のサポートであり、それにふさわしい人材を育成しなければならない。

そのため、職員には年間一二〇時間の外部トレーニングが義務付けられている。また、民間企業で働いて、そこで身につけた能力を行政で活用することも推奨されている。

個々の能力は二〇〇以上に分類されていて、トップクラスだと年収は一億円を軽く超えるが、下位五％のランクが三年続くと辞めなければならない。人事は完全な能力主義の Up or Out 方式となっている。ちなみに、私は一九七〇年代の前半に、ＥＤＢのアドバイザーとして人材育成システムの構築を手伝っていた。

会社員をイントラプレナー予備軍として支援・育成する

・新規事業・イノベーション創出の類型（図28）

既存企業が新規事業・イノベーションを生み出す取り組みとしていくつかのパターンがあるが、最近はオープンイノベーションをベースにしたミックス型が主流になりつつある。

図28

新規事業・イノベーション創出の類型

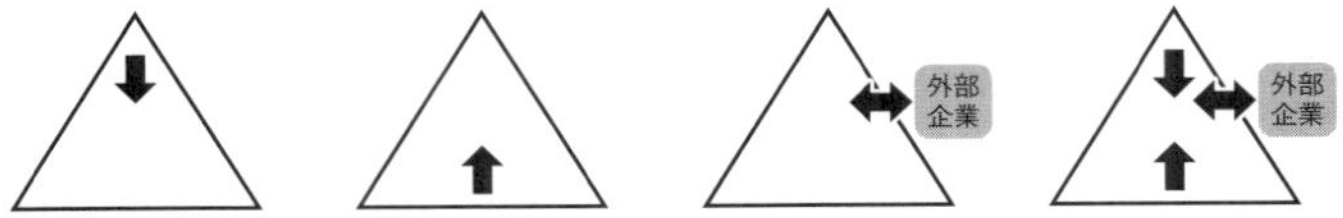

	トップダウン型	ボトムアップ型	外部活用・連携型	ミックス型
内容	●社長直轄プロジェクト ●経営企画部門が主導	●社内公募型制度 ●社内ベンチャー制度	●オープンイノベーション ●外部ベンチャー支援 ●CVC（投資・出資）	●すべてに取り組む
事例	●ユニクロ ●ストライプインターナショナル など	●Adobe ●ソニー など	●インテル ●KDDI ●三井不動産 など	●シスコシステムズ ●リクルート ●サイバーエージェント ●東急電鉄 など

©BBT大学総合研究所

図29

新規事業開発のトレンドの変遷

	これまでの新規事業開発	最近の新規事業開発トレンド
経営資源	社内リソース中心	社外リソースも活用 （オープンイノベーション）
社内公募型ベンチャー制度	社内イベントで年に数回実施	通年型で募集・随時検討 社外からの案件も公募 （アクセラレータープログラム等）
支援組織の役割	人材開発、研究開発、事業開発と部門が分断され、連携していない	インキュベーション組織が分断されていた機能を統括
支援形態	研修・イベント型 （人材開発部門主導）	実践型 （社内インキュベーション組織主導）
支援組織体制	自前で支援組織構築	外部支援機関も活用

©BBT大学総合研究所

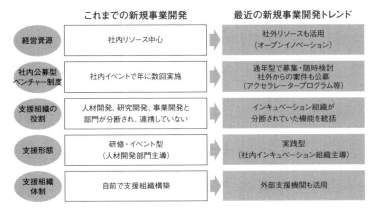

・新規事業開発のトレンドの変遷（図29）

シリコンバレー型の経営手法を取り入れた新規事業開発方法が主流となりつつある。経営資源は社内リソースだけでなく、社外リソースも活用する。

新規事業案も社内公募だけに頼らず、社外からも募集する、いわゆるアクセラレータープログラムを導入する。なお、新規事業として立ち上げるかどうかの見極めについて、従来は三年程度要する企業が多かったが、現在のスピード感だと一年以内だろう。また、仮に失敗したとしてもその経験が次に生かせるよう、データベース化してアクセス可能にしておくこと。

新規事業の支援は、これまでのように人材開発、研究開発、事業開発などの各部門がばらばらに行うのではなく、それらの部門を統括したインキュベーション組織に任せる。

支援の仕方も、人材開発部門が主導する研修・イベント型ではなく、社内のインキュベーション組織が主導する実践型にする。

支援組織体制は必ずしも自社内で構築する必要はなく、外部支援機関も積極的に活用する。実際、シリコンバレーにはイノベーションを起こすお膳立てができるコンサルタントがたくさんいて、スタートアップの手助けをしている。

イントラプレナーを生み出すためには、一部の社員だけを対象にするのではなく、全社員を

図30

イントラプレナーを生み出す経営

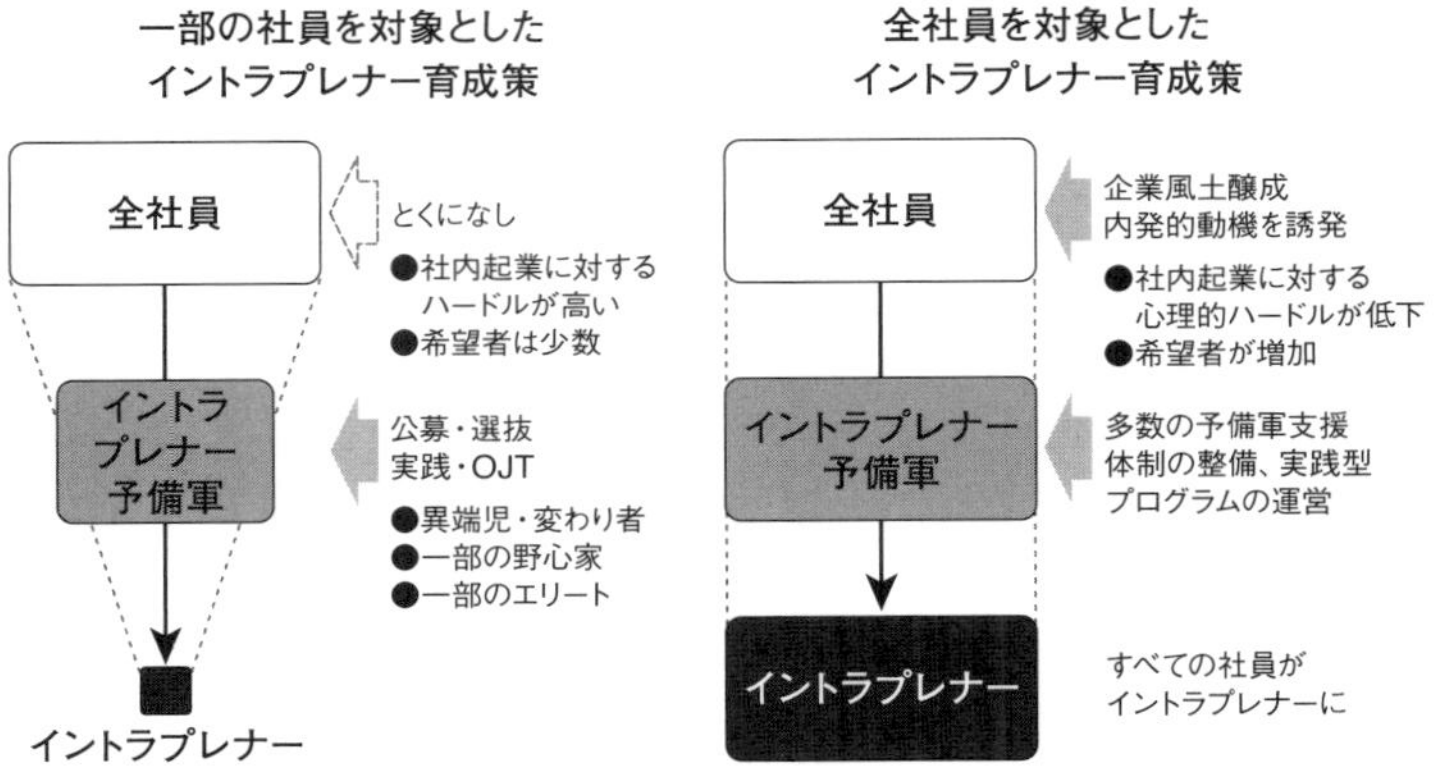

©BBT大学総合研究所

イントラプレナー予備軍として支援・育成していくような経営をすべきだろう（図30）。

イントラプレナー予備軍は、外国人留学生

イントラプレナーがどんどん生まれてくるようにするには、そうなるよう会社の企業風土を変えていく必要がある。だが、一方で、社内を見渡しても、社長を目指すような野心がないどころか課長にすらなりたくないという、草食化が進んだビジネスパーソンしかいないという場合は、肉食・偏食系の人材を発掘して採用するところから始めるよりほかない（図31）。優秀なゲーマーを高校生のうちからスカウトするドワン

図31

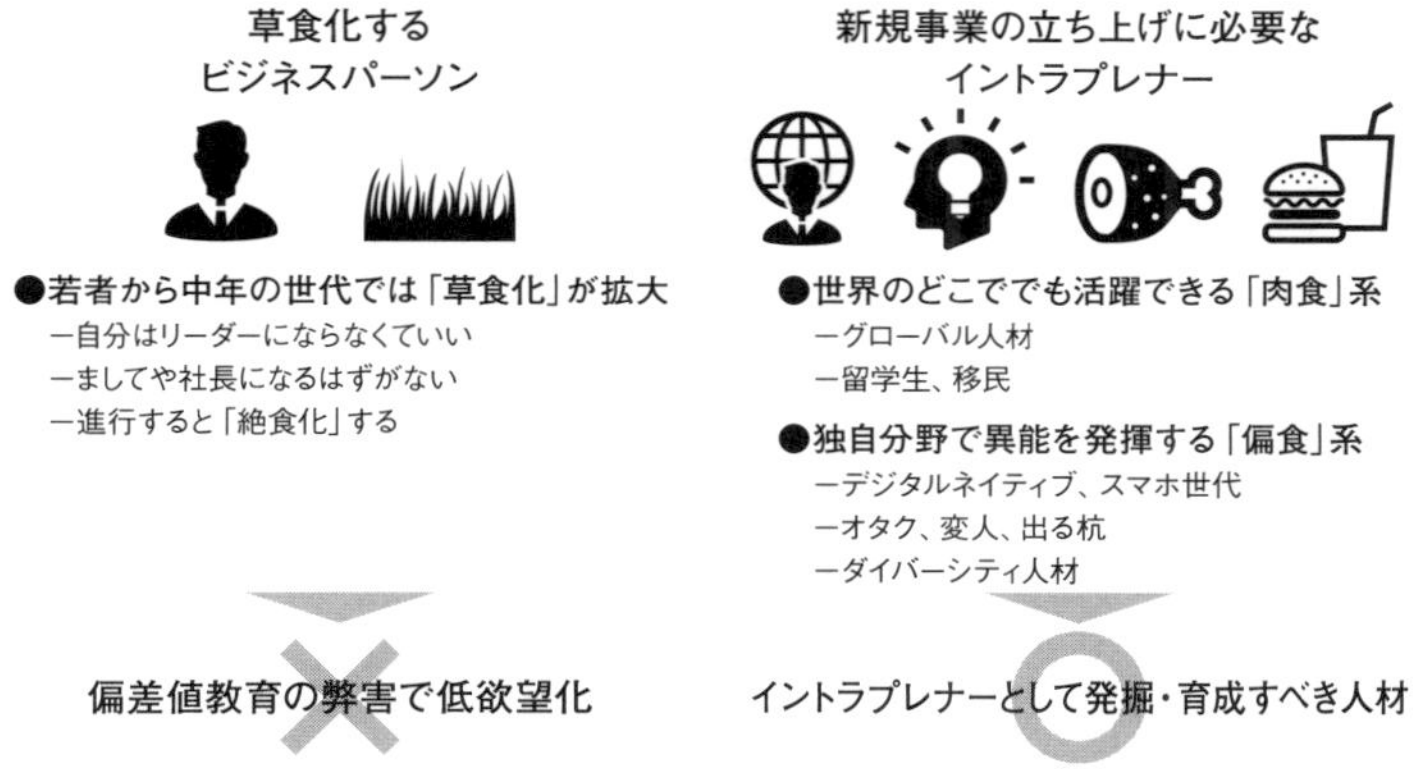

草食化するビジネスパーソン	新規事業の立ち上げに必要なイントラプレナー
●若者から中年の世代では「草食化」が拡大 ー自分はリーダーにならなくていい ーましてや社長になるはずがない ー進行すると「絶食化」する	●世界のどこででも活躍できる「肉食」系 ーグローバル人材 ー留学生、移民 ●独自分野で異能を発揮する「偏食」系 ーデジタルネイティブ、スマホ世代 ーオタク、変人、出る杭 ーダイバーシティ人材
✕ 偏差値教育の弊害で低欲望化	◯ イントラプレナーとして発掘・育成すべき人材

©BBT大学総合研究所

ゴの人材戦略を、すべての企業は参考にすべきだ。

私がお勧めするイントラプレナー予備軍は、外国人留学生だ。日本に来ている留学生のうち八割が中国人ともいわれていて、いささか偏りがあるものの、彼らは母国語のほかに英語と日本語ができる。世界のどこに行っても活躍できる彼らは、間違いなく肉食系だ。日本企業では加ト吉（現テーブルマーク）が中国人留学生を非常にうまく使っている。加ト吉は中国に一三の工場をもっているが、工場長はすべて日本で採用した中国人留学生なのである。

韓国人も母国ではたいへんな就職難なので、優秀な人材を採用しやすい。韓国人はみな英語に強いし、日本語が話せなくても入社後に教えれば、早い人は三カ月くらい

図32

イントラプレナーを生み出すために企業が取り組むべきステップ

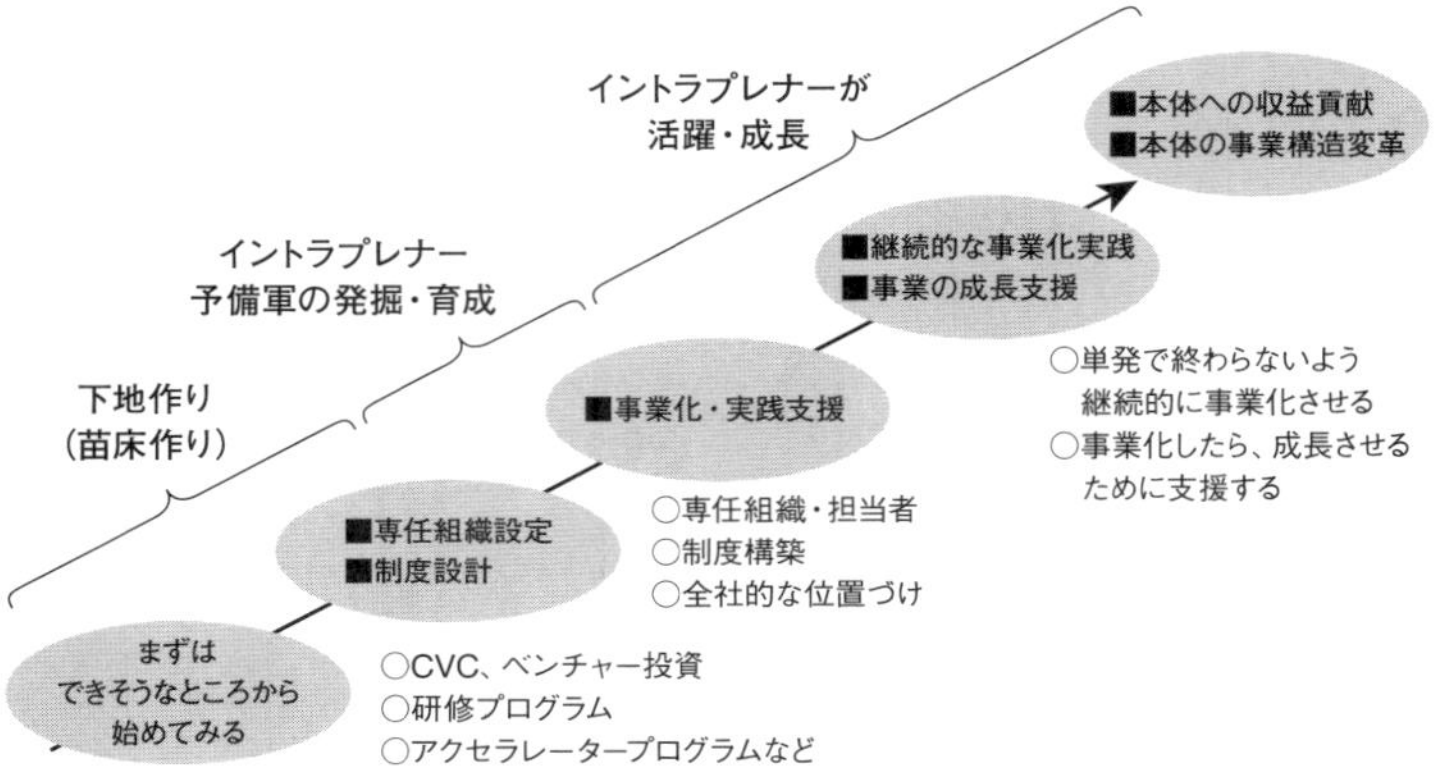

©BBT大学総合研究所

で会話ができるようになる。

ほかにもデジタルネイティブ、オタク、変人、出る杭、ダイバーシティ人材などを、人事部以外の事業部枠で採用できる仕組みをつくっておくといいだろう。

イントラプレナーを生み出すぞといきなり大上段に構えると失敗する（図32）。まずはＣＶＣやベンチャー投資、あるいは研修プログラムやアクセラレータープログラムなど、できそうなことから始めるのだ。また、先ほど述べたように、ひとつの倉庫を事業化し、それをひとりの人間に任せるなど、会社の機能の一部を別会社にし、社員にそこの社長をやらせてみるというのもいいトレーニングになる。こういうふうにして下地をつくってから、だんだんと加速していくのである。

図33

新規事業開発・イントラプレナー育成の専任組織（シリコンバレー型エコシステム）

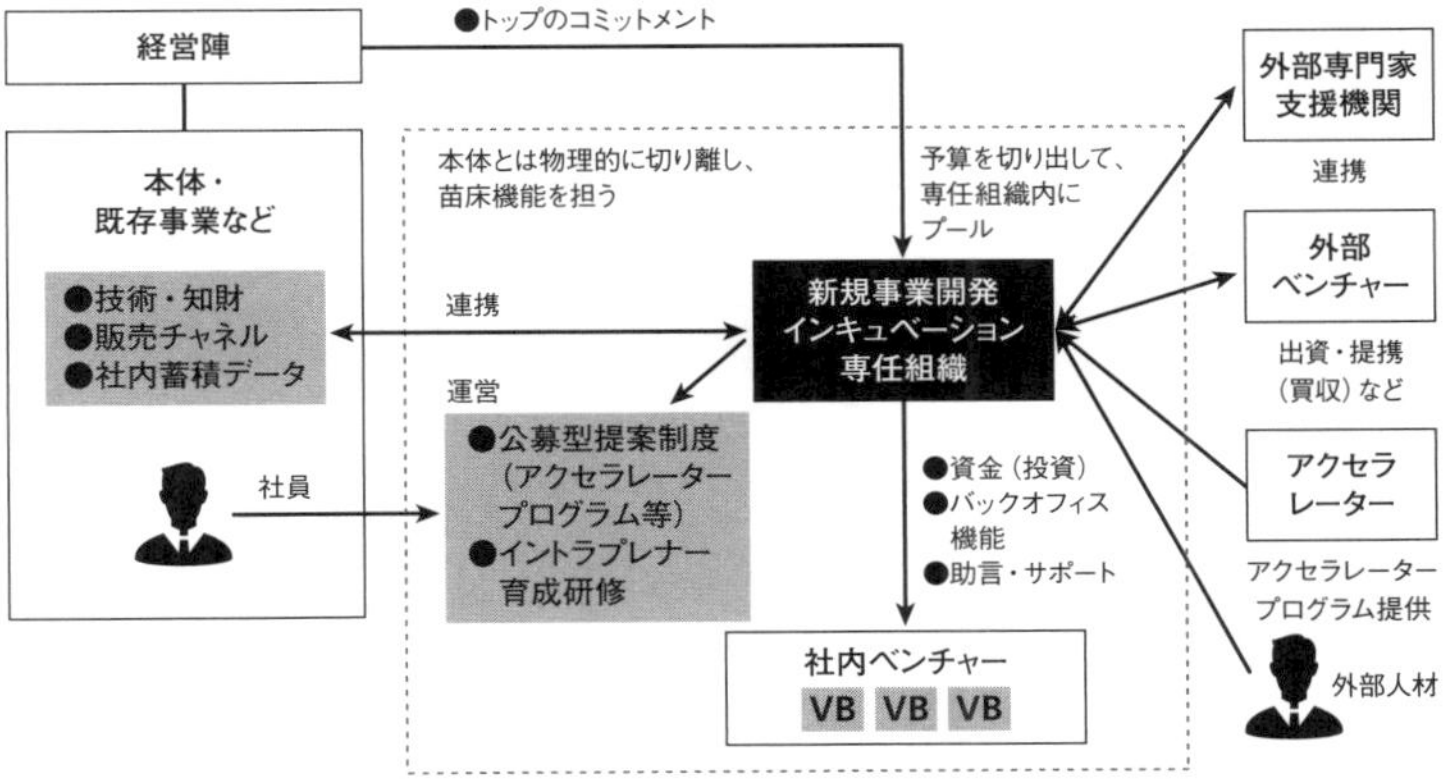

©BBT大学総合研究所

シリコンバレーには起業を後押しするエコシステムがあるが、日本はまだ未整備なので、企業内にシリコンバレー型エコシステムを構築する必要がある（図33）。

とくに重要なのは、インキュベーション専任の組織をつくって、そこにデータを蓄積していくという点。これを行わず、失敗のたびにプロジェクトを解散し、担当者に責任をとらせるようなことをしていたら、いつまで経ってもイントラプレナーを生み出せるようにはならない。

富士通の社員なら どんな新規事業をするか

多くの日本企業は、棚卸しをしてみると

図34

もしあなたが「富士通」のイントラプレナーであればどうするか？

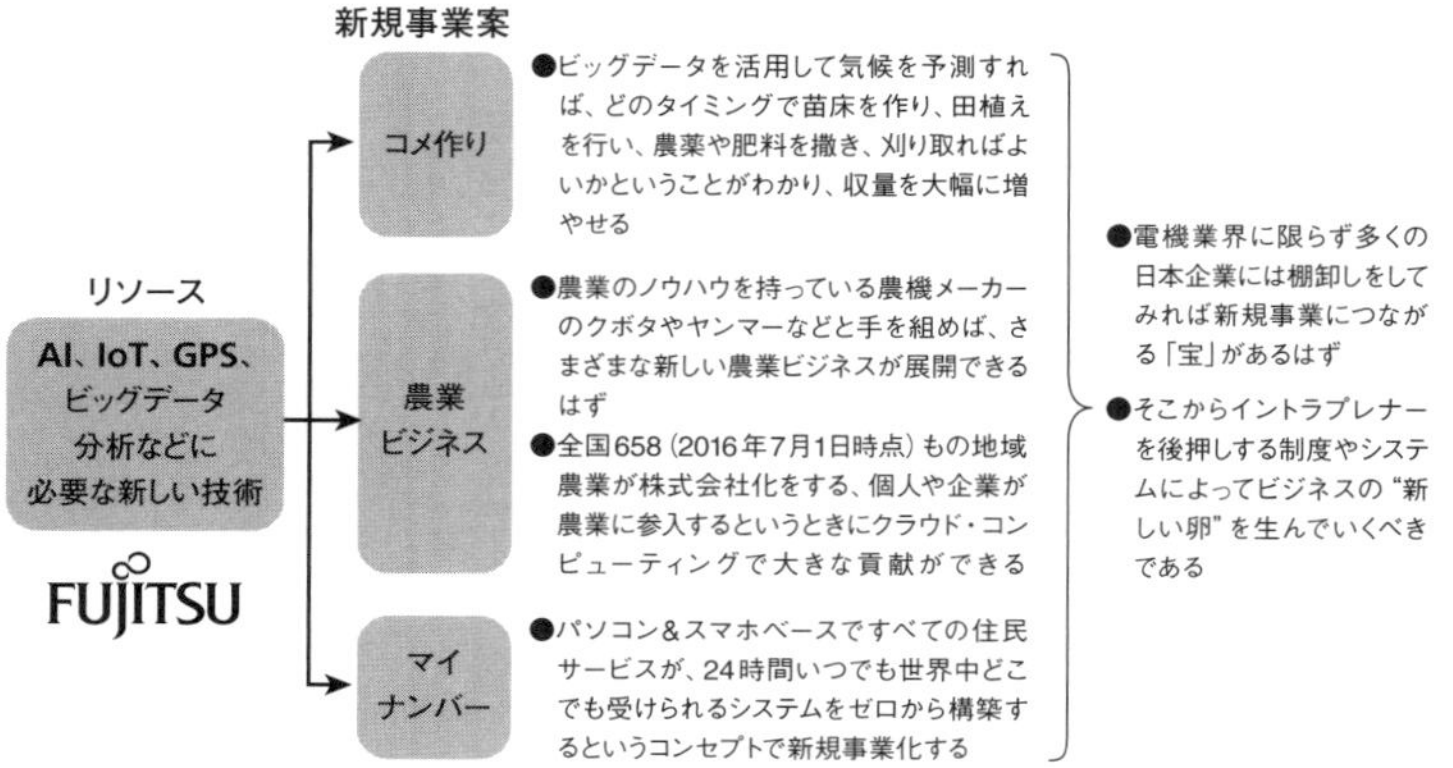

©BBT大学総合研究所

いいだろう。そうすると新規事業に結びつく「宝」が必ず見つかるはずだ。だから、イントラプレナーを後押しする制度やシステムをつくれば、そこから「新しい卵」が生まれるのである。

富士通を例に考えてみよう。AI、IoT、GPS、ビッグデータ分析に必要な技術といったリソースが豊富にある（**図34**）。これらを使えば次のような、電機業界以外の新規事業が提案できる。

1. コメ作り

ビッグデータを活用して気候を予測し、それを踏まえていちばんいいタイミングで苗床づくり、田植え、農薬や肥料の散布、刈り取りなどを行えば、収穫量を大幅に増やすことができる。

2. 農業ビジネス

農業のノウハウをもっている農機メーカーのクボタやヤンマーなどとコラボレーションをすることで、さまざまな新しい農業ビジネスが展開できるだろう。

とくに、六五八（二〇一六年七月一日時点）ある農協が今後株式会社化して、個人や企業が農業に参入するようになってくると、クラウドコンピュータで大きな貢献ができるはずだ。

3. マイナンバー

現在地区別に行われているマイナンバー制度を、クラウドコンピュータを使って統一し、すべての国民がパソコンやスマートフォンで二四時間世界中どこにいてもサービスを受けられるようにする。エストニア型の電子政府を構築するのだ。

最後に五八ページに演習問題を用意したので、各自で挑戦してみてほしい。

二〇一七年五月二六日「ATAMIせかいえ」にて収録

演習課題

新規事業に繋がりそうな自社のリソースを棚卸しし、新規事業案を考えてください。そして、それを実行するためのイントラプレナーを生み出す経営について考えてください。

項目		内容
1. 新規事業に繋がりそうな自社のリソース		
2. 1を活用した新規事業案		
3. イントラプレナーを生み出す経営（29ページの図8を参照）	経営者	
	社員	
	制度整備	

まとめ

成功事例を作り、社内での取り組みに「初速」をつけることが重要

- 3つのボトルネック：組織の風土、社員の力量、経営の力量
- イントラプレナーの成功例を先に作って突破口とする
- イントラ候補者を引っ張り上げ、また並走もして最初の成功に導く
- 成功事例により、組織には「こういうものか」という共通認識、
  社員には「ここまでやらせてくれるのか」という期待、
  経営には「こうやればいいのか」という自信
- これで初速をつけ、動き始めたら仕組みを整備

第二章

サイバーエージェントの社内スタートアップ戦略

飯塚勇太

PROFILE

飯塚勇太

Yuta Iizuka

株式会社シロク　代表取締役社長
学生時代に写真共有アプリ「My365」を開発、2011年サイバーエージェント内定者のときに子会社として株式会社シロク設立、代表取締役社長就任（現任）。2014年11月には株式会社ハシゴを設立、代表取締役社長就任。2018年12月より株式会社シーエー・モバイルの代表取締役社長に就任し、現在2社の代表取締役を兼任しながら、サイバーエージェント内新規事業マネジメント責任者も務める。

図1

1998年創業のインターネット企業

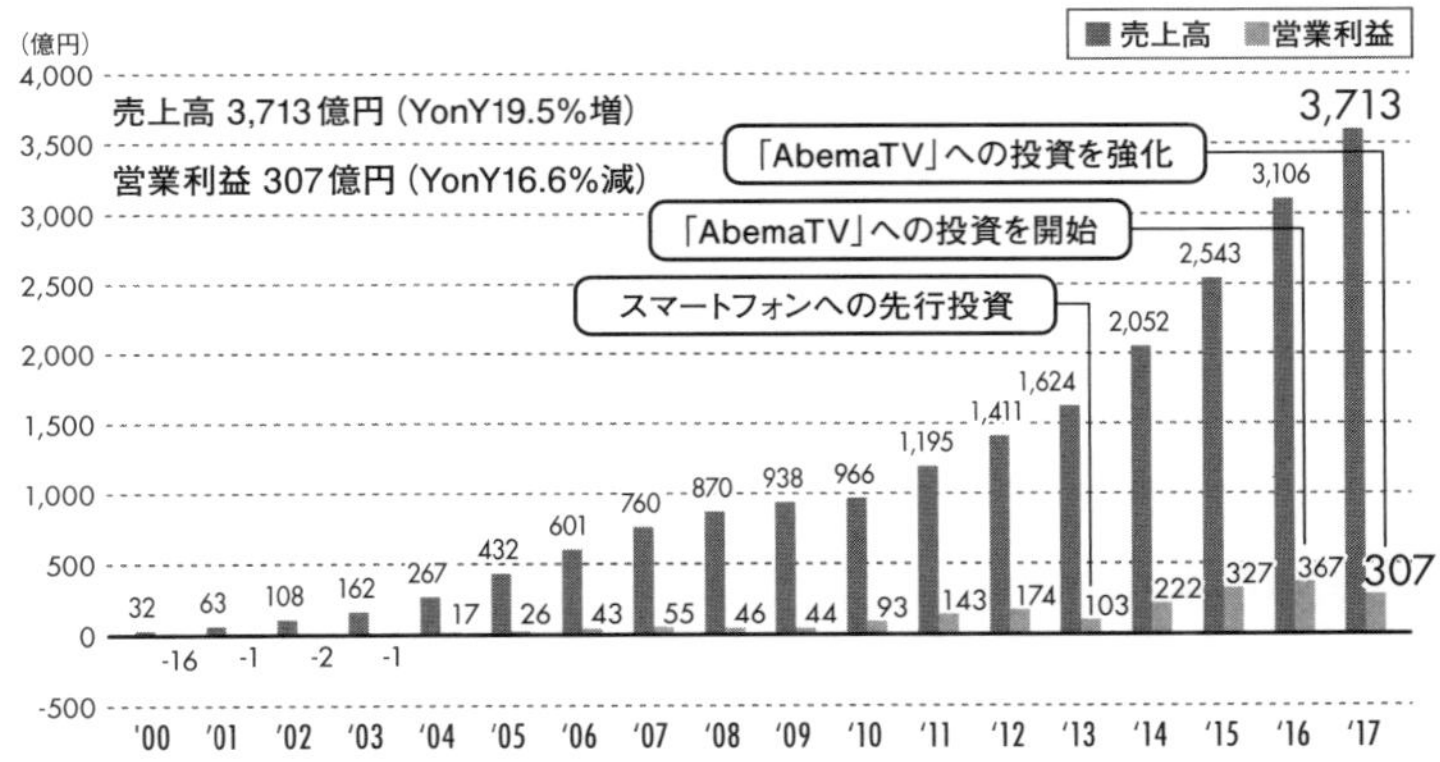

©SIROK

新卒社長制度

サイバーエージェントの創業は一九九八年、インターネット業界の中では比較的古いほうです。二〇一七年度の売上は約三七〇〇億円、営業利益は約三〇〇億円です(参考:二〇一八年の売上は約四二〇〇億円、営業利益は約三〇〇億円)(図1)。

この業界は、M&Aで企業規模を拡大するところも少なくありませんが、当社は大きな買収を行わず、社内で新規事業をつくり、腰を据えてそれを育てていくというスタイルを続けていて、それが強みになっています。

サイバーエージェントといえば、AbemaTVやアメーバブログが頭に浮かぶ人

図2

事業セグメント別売上構成比

※2016年9月末時点

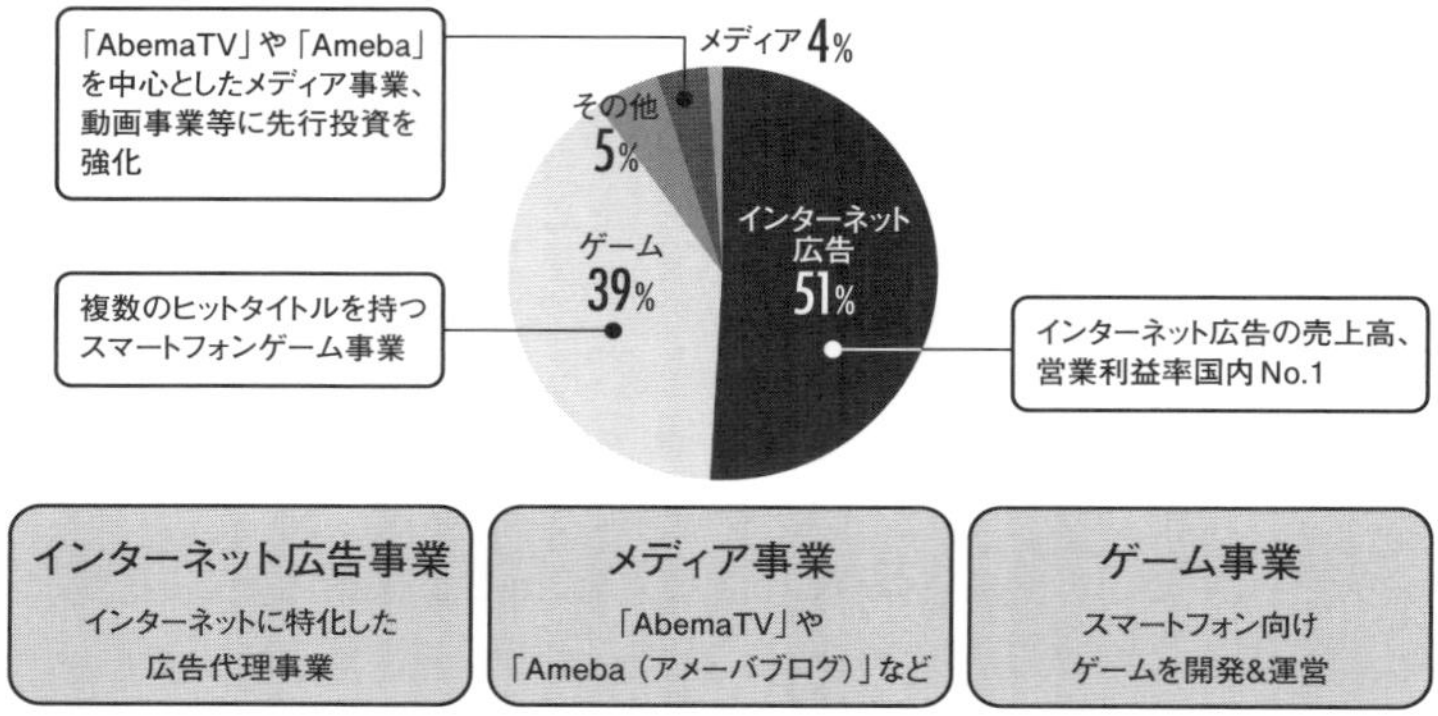

©SIROK

が多いと思いますが、売上に占める割合がいちばん多いのはインターネット広告事業で、五一％（図2）。インターネットの媒体だけを扱っている広告代理店の中では、日本一の売上を誇ります。

売上の三九％がゲームでグループ会社の八社において、スマートフォン向けのゲームを制作しています。グランブルーファンタジーをつくっているＣｙｇａｍｅｓもそのうちのひとつです。

ＡｂｅｍａＴＶやアメーバブログなどのメディア事業は、実は売上の四％程度にすぎません。そのため会社としてはこのメディア事業を伸ばそうといちばん力を入れています。社長の藤田が自らＡｂｅｍａＴＶ事業の責任者に就いてプロデュースを行っていて、投資額は年間約二〇〇億円です。

図3

イントラプレナーは累計40名以上。

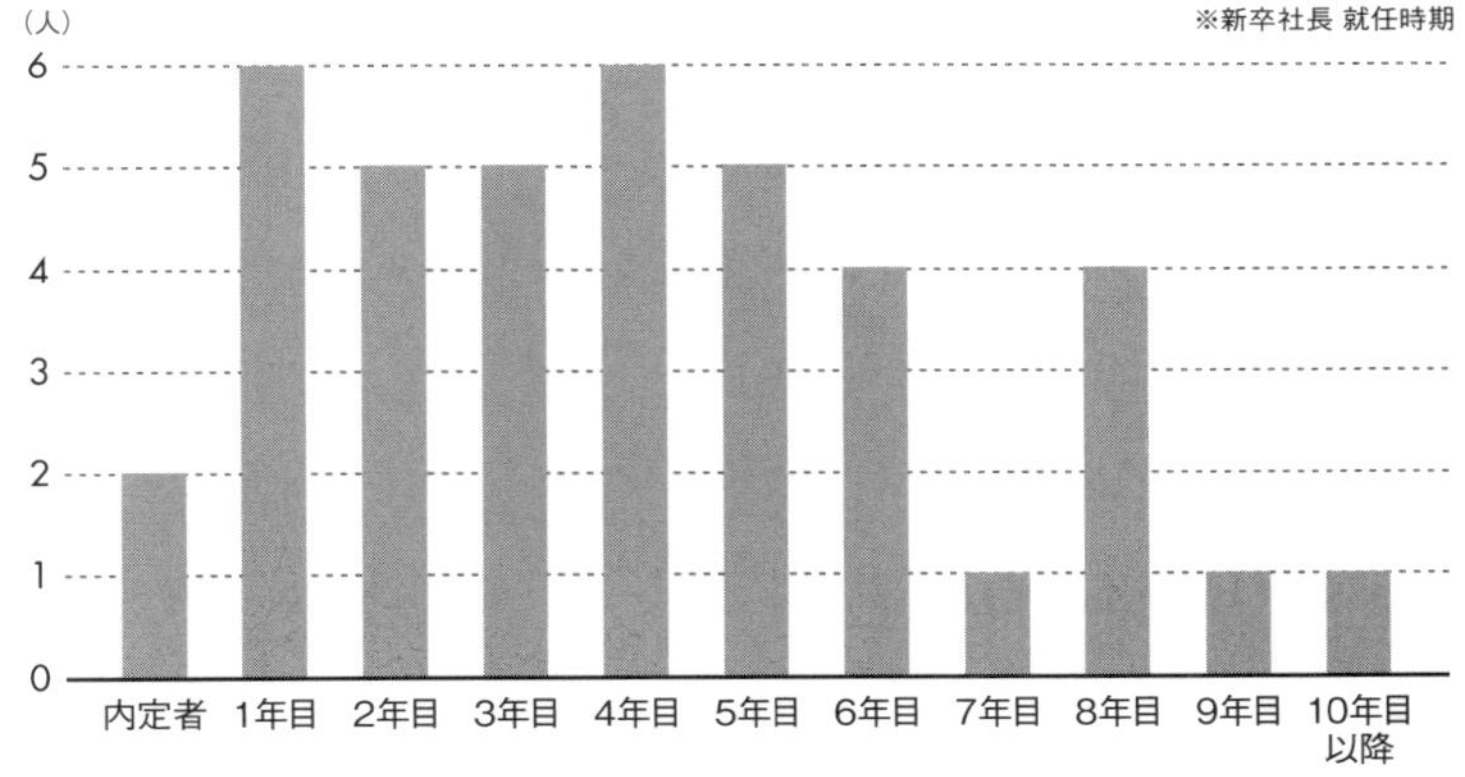

©SIROK

イントラプレナーが多いというのもサイバーエージェントの特徴のひとつで、その数はすでに累計四〇名を超えています。当社には新卒社長制度があり、やる気がある人には新卒一年目や、もっと極端な例では入社前の内定者の段階でも社長を任せることに対して躊躇しません（図3）。

入社前に立ち上げたSIROK

ここでは私自身を例に、サイバーエージェントにおけるイントラプレナー体験を説明していきます。

私は現在、自分で起業した二つの会社の社長を担当しています（二〇一七年当時）（図4）。

図4

会社について

sirok	HASIGO
2011年12月設立	2014年11月設立
アプリ向けツール＆広告事業	キャリア支援＆運用受託事業

©SIROK

ひとつは、ＳＩＲＯＫ（シロク）。二〇一一年一二月設立のアプリ向けツールと広告事業を行う会社です。もうひとつは、ＨＡＳＩＧＯ（ハシゴ）。こちらは二〇一四年一一月設立で、キャリア支援と運用受託事業を行っています。

ＳＩＲＯＫの立ち上げは、サイバーエージェント入社前です。サイバーエージェントに内定をもらったあとに、大学の仲間四人が集まって、スマートフォン向けのアプリをつくりはじめました。それでできあがったのが、一日一枚、印象的な瞬間を写真におさめてカレンダーに残す「Ｍｙ３６５」（マイサンロクゴ）というサービスです。これをリリースすると、広告を行っていないにもかかわらず、二～三カ月でダウンロードが一〇〇万を超えるヒット商品になりました。ところが、困ったことに、予想を超えるアクセス数の多さからサーバー費用が払えなくなってしまったのです。

そのとき藤田から、そのサービスをサイバーエージェントに売却して、創業者四人で経営したらどうかと提案されました。それで、入社前の一二月にＳＩＲＯＫを会社にしたのです。

最終判断は自分自身で行う

ＳＩＲＯＫの資本金は準備金も含め一億円です。最初に「プロモーション費にこれだけ使いたい」と藤田に相談すると、「相談不要。自分たちで決めろ」といわれてしまいました。そのときは驚きましたが、サイバーエージェントの子会社ではそれが当たり前なのです。最低限のルールだけ決めたら、あとは自分たちの給料からお金の使い道、採用戦略といったことまで、子会社の社長と取締役会で決定できることになっています。

とはいえ、それまで会社を立ち上げるといった経験をまったくしていなかったので、経営はかなり苦労しました。

事業も、当初はかなり急激にユーザー数を伸ばし、これならインスタグラムを超えるのも夢ではないという勢いでしたが、すぐに壁にぶち当たりました。無料のサービスは相当数のユーザーを獲得しないと広告が売れず、売れても単価が上がらないのです。それで、なかなか事業として成長していくことができません。

そのためMy365をこのまま続けるか、それとも他の事業に移行するかというところまで追い詰められました。しかし、このときも自分たちで決めろと最終判断を委ねられ、結局My365を手放すことにしました。

そして、同じメンバーで次に取り組んだのが、アバターアプリの「ピプル」。当時はサイバーエージェントが運営する「アメーバピグ」が、人気を博していました。これはWebサーバー上で動作し、Webブラウザから利用するアプリだったので、同様のアプリをスマートフォンで動くネイティブアプリで提供すればいけるのではないかと考えたのです。ところが、Wi-Fi環境がまだ現在のように整っていなかったうえに、データ容量も相当消費してしまうということで、あまり使い心地のいいサービスにならず、大失敗に終わりました。

その結果、一億円あった資金が一年半で残り数百万円となりました。このままお金がなくなったら会社をつぶすしかありません。

悩んだ末に、もう一度業態を変更して勝負しようと決意しました。サイバーエージェントの投資委員会に出席して新規事業のプレゼンテーションを行い、追加で一億円出してほしいと頭をさげました。

さすがにこのときは、最初の一億円で事業を成功させられなかった私に、新たに一億円出資しても勝算があるのかと厳しく突っ込まれましたが、最後はなんとか三〇〇〇万円出してもらえることになりました。

そうして始めたのが、スマートフォンのプッシュ通知解析サービス「Ｇｒｏｗｔｈ Ｐｕｓｈ」の開発です。

年間数億円の営業利益を出すＢｔｏＢ事業

スマートフォンのアプリの中で生き残るためには、広告で新規ユーザーを増やすことに加え、継続率を高めることがきわめて重要になります。そのためには、グロース・ハックという概念を用いて、具体的な改善策を短時間に提案していくことで改善できる。自分たちの経験を通してそう確信していた私たちは、これをビジネスにしようと考えました。

ただし、これはＢｔｏＢの事業です。それまではずっとＢｔｏＣで法人相手の営業など行ったこともなく、そういった意味では一八〇度の事業転換になります。でも、もう後がない状態だったので、社員たちにもそのことを正直に伝えて納得してもらいました。

さらに営業の人間も新たに採用し、私自身もスーツを着て企業を回るなど、できることをすべて行いました。すると、リリース直後から一日に一〇〇を超えるアプリ制作会社から問い合わせが入ったのです。その後も順調に伸び、やがてこのビジネスは年間数億円の営業利益を出せるまでに成長していきます。

サイバーエージェントには、若手の社員を幹部候補生として登用する「CA18」という人事制度があります。もともとの役員数は八名（CA8）だったのですが、ここに一〇人を執行役員として加え、CA18としたのです。このCA18が始まったのは、二〇一四年でした（二〇一八年一〇月にCA8、CA18は廃止）。

子会社の社長も対象となるということで、二四歳だった私もこのときのメンバーのひとりに選ばれました。事業を拡大するなど成果を出すと、若手でもどんどん権限を与えられるというのがサイバーエージェントの文化なのです。ちなみにCA18は毎年メンバーが入れ替わることになっていて、私は二〇一六年にも、二度目のCA18のメンバーに選ばれています。

さらに、二〇一四年一一月には、二つ目の会社となるHASIGOも設立します。

現在、SIROKは、国内最大級のグロースハックプラットフォームであり、世界中の一万二〇〇〇～一万三〇〇〇アプリに私たちのサービスが入っていて、そこから毎月一〇億～三〇億のプッシュ通知が送られています。

サイバーエージェントでは半年に一度、三〇〇〇万円近い費用をかけた大規模な社員総会が開催され、そこでは最も活躍した社員と子会社が表彰されます。ここで四十数社ある子会社のトップとなって表彰されるというのが、SIROKの当面の目標です。

徹底的にセカンドチャンスを与える

サイバーエージェントには、子会社の経理や法務を専門にみる部門があり、ひとりのスタッフが一五社ほどを受け持っています。

子会社の経営に携わる人が、自分たちの事業に集中できるようにするというのがサイバーエージェントの方針です。そのため、経理や法務だけでなくオフィスの契約なども、基本的には本社が行います。ただし、採用に関しては、子会社が自ら行うというのがルールとしてあります。

子会社の資本金は、利益が出なくても半年から一年もつくらいの額を親会社が用意します。見込みがありそうだからと最初から過大な投資をすることはありません。途中で資金が不足した場合は、サイバーエージェント内の投資委員会が経営をチェックし、新規の投資を判断します。

若いうちから子会社を経営させるというと、「失敗した場合、その人のその後のキャリアはどうなるのか」という質問をよくされますが、「徹底的にセカンドチャンスを与える」というのが、答えです。

市場環境が悪かったり、開発の難易度が高かったりすると、経営者がどんなにがんばっても結果を出すのは難しい。そういったケースは決して珍しくはありません。そのため、最初のトライがうまくいかなかったとしても、やる気がある人には、二度目、三度目の挑戦をできるだけ認めるようにしています。それに、インターネットビジネスというのは、大規模な設備投資が必要ないため、仮に失敗しても、それほど大きな損失を本社が被ることはないからです。

実際、現在四十数社ある子会社の経営者の中にも、一度会社をつぶした過去のある人は数名いますし、二社つぶして三社目という人もいます。それができるのがサイバーエージェントの強みだといってもいいでしょう。

こういうカルチャーだと、それまであった子会社が突然なくなったり、急に新しい会社ができたりしても、あまり気にならないものです。

子会社ではなく独立を選ぶことももちろん可能ですが、私自身はそういう気持ちになったことはありません。なぜかといえば、実績を積めば積むほど、サイバーエージェント自体の経営に対する発言権や責任の範囲が大きくなるからです。活躍すればそれだけ経営のダイナミズムを味わえるのですから、独立を選ぶよりもずっと環境がいいと私は思います。

CA8から適切な経営指導を受けられるというのも、子会社のメリットです。各子会社にはサイバーエージェントの役員が必ずひとり担当としてつきます（図5）。

子会社の社長はその役員と、週一回から月一回くらいのペースでミーティングを行い、そこで適切な助言をしてもらったり、悩みをきいてもらったりすることができるのです。ただし、社長の藤田自身がAbemaTVの執行役員を兼務しているように、サイバーエージェントの役員は経営と執行の両方を行っています。そのためみな忙しく、子会社の指導にそれほど時間がか

図5

イントラプレナーとして実感した凄さ 取締役（CA8）

サイバーエージェントでは独自の取締役交代制度を採用し、建設的な取締役会運営のため取締役の人数を８名と定め、２年ごとに原則２名の取締役を入れ替えます。
事業戦略にあわせた役員構成とし、経営人材を多く保有することで強い会社組織体をつくり、事業拡大を目指します。

代表取締役社長 藤田　晋	取締役副社長 日高裕介	専務取締役 岡本保朗	常務取締役 中山　豪
常務取締役 小池政秀	取締役 山内隆裕	取締役 浮田光樹	取締役 曽山哲人

CA8による適切なフォロー

けられない現状があります。それゆえ、子会社の独立性はかなり高いといえます。

子会社の社長が一堂に会する CAJJ会議

スタートアップ子会社をサポートするのは、もともと人事部が行っていたのですが、現在では新設されたスタートアップ本部がその役目を果たしています。

その代表的な取り組みが、「サイバーエージェント」の「事業」と「人材」の頭文字をとったＣＡＪＪ（シーエージェイジェイ）プログラムです。これは子会社をガバナンスする指標のひとつで、約三〇社を対象に、営業利益が一億円未満で黒字化していたらＪ３、一億円以上はＪ２、一〇億円以上はＪ１というふうに会社を分類しています。

実際にみてみると、トップの営業利益は年間約二〇〇億円、一方Ｊ３には一〇〇〇万円程度の会社もあるといった具合です。

毎月、子会社の社長が一堂に会するＣＡＪＪ会議というのもあります。これは、着席する順番が事業成績順と決まっていて、上から順にその月の数字や事業内容を発表していきます。成績のいい社長は、ほぼ報告だけで終わりますが、成績が下のほうの社長は厳しい意見を浴びせられて、最悪の場合、その場で事業の撤退が決まることもあります。

ＣＡＪＪの二軍的位置付けの、スタートアップＪＪＪというプログラムもあります。ちなみにＪＪＪは「事業」「人材」「時価総額」の頭文字を取ったものです。スタートアップだとほぼ全社赤字なので、営業利益ではなく時価総額を指標にしています。

算定不能から一億円未満がシード（種）、一億円以上五億円未満がアーリーステージ、五億円以上一〇億円未満がシリーズＡ、一〇億円以上三〇億円未満がシリーズＢ、三〇億以上五〇億未満が上場前夜というように、ここでは子会社や事業部は時価総額の大きさでランク付けされます。そして、五〇億円以上になると、めでたくＣＡＪＪに「上場」となるのです。

ＣＡＪＪ会議にあたるのが、スタートアップＪＪＪ総会。ただし、こちらは毎月ではなく四半期ごとに開かれます。

子会社の時価総額を決めるのは取締役会です。値付けの基準はサイバーエージェントがこの会社をグループ外の企業として買収する場合、どれくらいの金額を提示するか。そのため、一般のスタートアップの市場評価よりも厳しい額になります。

CAJJとスタートアップJJJを合わせると、約四〇〇名が新規事業に携わっているということになり、グループ全体で相当広い分野をカバーしているといえます。

同時に、起業にある種のゲーム性をもたせることで、グループ内での切磋琢磨や健全な競争が起こりやすくなっている。また、スタートアップの先輩の話を聞きたい場合、すぐに聞くことができるといったイントラプレナーコミュニティができあがっているということも、起業のハードルを下げることに貢献していると思います。

スタートアップJJJの撤退基準

CAJJには三つの撤退基準が定められています。

1. 赤字が一年半続く。この場合はだいたいキャッシュが尽きるので、この時点で撤退検証に入ります。
2. 三四半期連続の粗利減少。会社がある程度大きくなってもジリ貧は許さないという考え方です。
3. 初期投資一億円で黒字化できない。ゲームやAbemaTVのような例外もありますが、基本的には初期投資は一億円以内とし、その範囲で結果を出すというのがサイバーエージェントのルールとなっています。

スタートアップＪＪＪの撤退基準は、以下の四つです。

1. 資金ショート。資本金が一億円以下の三〇〇〇万円や一五〇〇万円で始めた場合も、ショートしたらそこで終わりとなります。
2. 赤字が一年半続く。これはＣＡＪＪと同じです。
3. 一年半連続「算定不能」。この間ずっと自立したビジネスが立ち上がらず、時価総額がつかないと、その会社は撤退検証のフェーズに入ります。
4. 三四半期連続の粗利減少。これもＣＡＪＪと同様です。

サイバーエージェントでは、新規事業のハードルはできるだけ低いほうがいいと考えています。極端ないい方をすれば、人として問題がなく、市場が適切な環境であれば、パワーポイント一枚の企画書で出資が決まることもあるのです。

インターネットビジネスの場合、たとえ失敗しても市場自体が悪くないという判断であれば、新たな市場を開拓するより、再び同じ市場に別の事業で挑戦するほうが、前回の経験が生かせる分、成功する確率が高まります。だから、失敗しないよう時間をかけ、計画を細部まで詰めて始めるより、多少見切り発車でもいいので、とにかく早く始めることが大事なのです。

それに、撤退基準が明確であれば、損失がいたずらに膨らむようなこともありません。サイバーエージェントの営業利益は年間約三〇〇億円ですから、投資金額が一億円以内であれば、失敗したところで経営にそれほど影響はないのです。

イントラプレナーとしてもはっきりした撤退基準が前もって提示されていれば、現実に撤退となったときも、抵抗感なくそれを受け止めることができます。

スタートアップ専門の広報

二〇一六年は、グループ内に子会社が九社誕生しました（図6）。この年の特徴はＢｔｏＢとＢｔｏＣのいずれの分野においても動画ビジネスが多かったという点です。サイバーエージェントとしてマッチングビジネスにかなり力を入れていることもあって、異性の出会いを支援するサービスが二社含まれています。

九社の中でアストロボックスとドットマネーは、もともとアメーバブログと同じ事業部で行っていた事業を、新たに子会社化したものです。このようにもともとある事業部を子会社として切り出すケースもよくあります。

サイバーエージェントは、会社自体が大きいために事業部で四半期に一億円の利益を上げても、

図6

2016年度は、9社設立

©SIROK

正直あまり目立ちません。そのため、力のある人には、どんどん自分でグループ内に会社を立ち上げてもらいたいのです。

そこで、社内の人たちにもっとスタートアップに関心をもってもらおうと、年四回のペースでスタートアップに特化した社内報を作成し、どんな子会社がいま何を行っているかなどを、誌面で紹介しています。

また、子会社の社長だけを集めたスタートアップ総会があります。これなども、時価総額の上位を表彰するなど子会社同士がお互い刺激し合う。それと同時に、こんなに活躍をしている人がいるのだという、サイバーエージェント全体に向けてのPRになっているのです。

さらに、スタートアップを育てる仕組みの一環として、サイバーエージェント内にスタートアップ専門の広報を置いています。広報といえば、どうしてもＡｂｅｍａＴＶのような力を入れている事業を中心として取り扱いがちです。また、子会社のほうも自分たちの事業に集中してしまうと、なかなか広報活動にまで手が回りません。それゆえ、スタートアップ専門の広報が必要なのです。

オープンイノベーションは積極的に行う

外部の方から、サイバーエージェントの制度を教えてほしいといわれることがあります。その場合、もちろん、現在こういう制度で行っているという話はできるのですが、半年や一年後も同じ制度であるという保証はありません。実際には、かなり変わっているはずです。

サイバーエージェントには主要事業を定期的に変えながら成長していく特徴があります。同様に、マネジメントシステムに関しても、時代や会社の状態に合わせて改善していくことに躊躇しません。

制度運用は簡単ではありませんが、それができるのがサイバーエージェントの強みにもなっています。

また、サイバーエージェントはＭ＆Ａを行わず、自分たちの力で事業を生み出して成長していきますが、ＡｂｅｍａＴＶがテレビ朝日と組んだり、ＡＷＡという音楽配信サービスをエイベックスと一緒に行うといったオープンイノベーションはむしろ積極的に行っています。

新規事業開発に関しても、例外ではありません。その代表的な取り組みが「ＦＵＳＩＯＮ」で、これはリクルートと当社の社員で混合チームを作成し、新しい事業案を考えるというものです。サイバーエージェントはエンターテインメントや広告を得意とします。一方、リクルートは社会の「不」の側面を解決するというところに強みを発揮する会社です。そういった特徴の異なる二社の社員がシャッフルされることで化学変化が起きる期待があり始まったプロジェクトですが、これまでなかった事業案が出てくるなど、すでにそれなりの効果が出ています。

「ＮＡＢＲＡ」という新規事業研究サークルも、新規事業を生み出す試みのひとつです。現場の社員から新規事業案を募集し、各提案者と面接をして一〇人に絞り、二週間に一度くらいのペースで、業務時間外にスタートアップ本部で事業案を検証し、フィードバックを重ねながら完成度を高めていきます。ＮＡＢＲＡの特徴は、現場の判断で子会社化を決定できるというところです。

新規事業の制度設計で重視するもの

イントラプレナーの発掘といえば、コンテストという形をとるところが多いと思います。サイバーエージェントでも二〇〇七年から二〇一六年まで、半年に一度「ジギョつく」というコンテストを行っていましたが、あまりうまくいきませんでした。いちばん多いときで一度に五〇〇案くらい集まることもありましたが、結果としてそこからは、大化けする事業がまったく生まれなかったのです。

なぜうまくいかなかったのか。理由のひとつは人の問題です。現在、サイバーエージェントでは、新規事業を認めるかどうかは人と市場をみて決めるようにしています。しかし、ジギョつくのころは、ビジネスプランコンテストに終始し、この案の提案者が事業責任者としても的確かどうかは、あまり重視していなかったのです。

もうひとつは、半年に一度の開催です。インターネットビジネスは環境の変化が激しいため、半年待っている間に参入機会を逃してしまうということが頻繁に起こりました。

そこで、途中から「ジギョつくNEO」に変更し、半年に一度というのを廃止して、メールベースでいつでも事業案を提案できるようにしたのです。ただ、人と事業のマッチングという問題がそのままだったこともあり、これもうまくはいきませんでした。

それで、NABRAになった。しかしながら、NABRAが最終形ということではなく、もしかしたら半年、一年後は違う形になっていることも十分考えられます。

私自身は、現場から新規事業を生み出すには、「何を重視して制度設計をするかが最も重要」だと思っています。

「提案数」か「実行数」か「アイデア」か「責任者」か

そのひとつの切り口となるのが、「提案数」か「実行数」かです。「事業案がたくさん集まるという文化を社内につくりたいのか」それとも「本当にいい事業をひとつでもつくりたいのか」で、やり方はずいぶん変わってくるはずです。

サイバーエージェントが必要としているのは、実行数です。それなのに「ジギョつく」をしていたころは、提案数を集めるところに重きを置いてしまった。だからうまくいかなかったのでしょう。その反省を踏まえ、人数を絞り、そこから濃いものをひとつでもいいから生み出そうという現在のNABRAができあがったのです。

もうひとつの切り口が、「アイデア」か「責任者」か。「優れたアイデアを集めるのか」「有能な事業責任者を発掘するのか」です。サイバーエージェントは明らかに後者。それなのにジギョつくではアイデアのほうを評価対象にしていました。これも失敗要因でした。NABRAでは、事業案の中身よりも、その人にイントラプレナーをできるだけの能力があるか、性格的に向いているかといった点をより重視しています。

そういう意味では、現場の人が考えたアイデアを、その人にそのままやらせるというのは、実はハードルが高いのです。それよりもイントラプレナーの候補者を発見することと、新規事業案を考えるということは軸を分けて制度設計したほうが成功確率は高まるというのが、いまのサイバーエージェントの考え方です。

候補者が事業提案するという形式をとっているところが多いと思いますが、そこはもっと柔軟に考えていいのではないでしょうか。

それから、新規事業を立ち上げる際のハードルは低くしておいて、事業化後の評価のほうを厳しくすること。また、その際は、本人が納得しやすい客観性の高い評価指標であることも大事です。

【質疑応答】

Q1．リクルートでは、イントラプレナーにはその事業に人生を懸けてもいいと思えるだけの原体験が不可欠だと聞いたことがある。サイバーエージェントのように自分のアイデアではない事業で起業する場合、原体験がなくてもモチベーションを保てるのか。

飯塚　その点はこれまでほとんど議論になったことがありません。おそらく、起業の目的が、リクルートのほうは社会の「不」を解決することであるのに対し、当社のほうは「二一世紀を代表する会社をつくる」のため、どんな事業を行うのかということは仕事のモチベーションにあまり関係ないのだと思います。

Q2．イントラプレナーは自社株を持てるのか。

飯塚　グループから独立して上場した会社もありますが、基本的にグループ内の子会社の場合、自社の株は持つことができません。

Q3．一度失敗した人もセカンドチャンスを与えてもらえるのはいいが、次の事業プランができるまでその人はどのような扱いになるのか。

飯塚　現在の事業からの撤退を打診されるのと同時に、役員から「次はこんなビジネスがあるがどうか」と新しく誘いがくるので、宙に浮く期間が発生することはありません。

Q4．子会社の社長は給料の額を自由に決められるのか。

飯塚　まったく自由のこともありますが、通常は役員の意見も加味されて決まります。赤字が続いているのに高く設定したら、当然否定されるでしょう。

Q5．C8やC18に関して、役員になるモチベーションは何か。

飯塚　その時々に会社が力を入れたい分野のトップが役員に抜擢されるので、そのこと自体が最大のモチベーションだといえます。逆に、役員になっても給与や役割はそれほど変わりませんから、そこはあまりモチベーションの要因にはなりません。

Q6．人材育成のポイントは何か。

飯塚　インターネットの会社というと、即戦力となる経験者が採用の中心となりがちです。これに対し当社は、新卒採用者を一から育てていって戦力化を図るというのを人事戦略の中心にしています。サイバーエージェントのカルチャーに惹かれて入社する人も多く、入社後に会社の文化や風土に違和感を覚えるような社員はほとんどいないと思います。

Q7．現場で活躍している社員がNABRAのメンバーに選ばれた場合、現場と軋轢は生じないのか。

飯塚　たとえその人が現場で重要な戦力だったとしても、本人の意向がイントラプレナーであれば、基本的にそれが優先されます。ただし、サイバーエージェントが重点的に力を入れている職場に所属している場合は、そこにとどまるよう命じられることもあります。

Q８．ＮＡＢＲＡに選ばれる人にはどういう特徴があるのか。

飯塚　客観的な指標はありません。強いていうのであれば、これまで接してきた子会社の社長との比較で相対的に判断しています。

Q９．サイバーエージェント自体を大きくしたいというのが貴社のイントラプレナーのモチベーションになっているというが、セレスの都木聡社長やＶＯＹＡＧＥ ＧＲＯＵＰの宇佐美進典社長といったサイバーエージェント出身者とはずいぶん違う印象を受けた。社員の考え方が変わってきているのか。

飯塚　昔に比べ新卒採用が多くなり、サイバーエージェントのカルチャー自体を魅力に感じている人が増えているからではないでしょうか。

Q10・飯塚氏自身はどうやって自分のスキルやリーダーシップ力などを身につけたのか。

飯塚　責任と権限を明確にする社内環境で鍛えられたのだと思います。お金だけ渡されて「失敗するのも成功するのも君しだいだ」というような世界観の中で、自然と形成されたというわけです。

Q11・藤田社長からどんなことを教わったのか。

飯塚　手取り足取り教わったというより、決断の仕方などを近くにいて、あるいは背中を見ながら経営者としての振る舞い方などを吸収していきました。

Q12・自分自身の将来の夢は何か。

飯塚　サイバーエージェントを時価総額一兆円、営業利益一〇〇〇億円超にする過程にかかわりたいということです。それから、自分が現在の藤田の年齢になるころには、サイバーエージェントの二代目社長を担えるようになっていたいとも思っています。

Q13．CAJJ会議では、営業利益が低い子会社の社長は役員から厳しく問い詰められるということだが、そうなると将来に必要な投資まで直近の利益を上げるために回してしまうといった弊害も起きるのではないか。

飯塚　そういう経営を行っている人が、サイバーエージェントでは最も怒られます。長期的ビジョンに基づいた戦略的な投資の結果の赤字は、逆にオーケーなのです。

Q14．市場ではなく人に問題があって事業から撤退する場合、人を入れ替えて事業は継続するということもあるのか。

飯塚　社長だけというよりも、その会社の社員全体を入れ替えます。ただ、市場が悪くて撤退することのほうが圧倒的に多いため、そういったことはレアケースです。

二〇一七年五月二六日「ATAMIせかいえ」にて収録

第三章

寺田倉庫の「minikura」クラウドビジネス

三宅康之

PROFILE

三宅康之

Yasuyuki Miyake

寺田倉庫株式会社　専務取締役
1970年神奈川県横須賀市生まれ。1995年東京経済大学経済学部卒業。寺田倉庫入社後、ビットアイル（IDC［現「ビットアイドル・エクインクス」］）の立ち上げに携わり、2011年寺田倉庫取締役就任。その後、一般社団法人天王洲キャナルサイド活性化協会代表理事就任（2015年）。天王洲落語会、ジャカルタ落語会、TodaysArt.JP、天王洲アートウィーク、天王洲キャナルフェス等々、天王洲アイルの活性化を念頭に活動を行い、国内外へ天王洲アイルの発信を行う。その活動をより強化するため、一般社団法人天王洲キャナルサイド活性化協会を設立。地域連携の幅をより一層拡大する。

適材適所は、社員自らが決める

寺田倉庫専務取締役の三宅康之です。代表の中野善壽が、台湾政府の会議にどうしても出席しなければならず、この場（ATAMIせかいえ）に来ることができなかったので、中野に代わりお話をさせていただきます。

「自分はサッカーチームをつくりたい」というのが中野の口癖です。といっても本当のサッカーチームではありません。会社の組織をサッカーチームのようにしたいという意味です。

これまでほとんどの日本の会社は、ピラミッド型の組織でした。大事なことは頂点にいる経営陣が決め、組織の上から下に降りていく。だから、底辺にいる社員は直属の上司の指示を待って動けばよかったのです。

しかし、いまの時代そんなことを行っていたら時間がかかりすぎてチャンスを失ってしまいます。サッカーのようにどこでボールをもらってどこに蹴り出すのかという判断を、個々の選手が的確かつ瞬時に判断できる会社でないと厳しい競争に勝てないのです。

また、組織のパフォーマンスを高めるには、適材適所が大切なのはいうまでもありません。それは会社が決めるのではなく社員自らが決めるべきというのが、中野の持論です。

中野は「社員は五年で辞めろ」といっていますが、これは「誰もがさまざまな可能性を秘めているので、それを最大限に生かせる場所を常に広い視野で探し続けることを忘れてはならない。寺田倉庫に安住しようなどと考えてほしくない」という意味です。

「千年倉庫」「もののホテル」というキーワード

寺田倉庫の創業は、一九五〇年。当初は倉庫業を堅実に営んでおり、それにふさわしい経営手法を確立し、企業文化もありました。

ところが二〇〇〇年以降、規制緩和により他業種やベンチャーも倉庫業界に参入してくるようになると、様相が一変します。それまでは「トランクルームの寺田」と呼ばれていて、倉庫業界では、長らくナンバーワンのシェアを誇っていましたが、気づいたら一七位にまで落ちていたのです。

文書保管に関しても、当社は古い歴史を持ちトップクラスの安定した収益を上げていました。ところが、後発の企業が低価格で乗り込んでくるようになると価格競争が勃発しました。あるときから入札を余儀なくされるようになり、その結果、文書保管価格は、大幅に下がってしまったのです。

このままではジリ貧は免れません。そこで代表の中野と私と月森正憲専務執行役員で、これから寺田倉庫をどうしていくかについて話し合いました。

その際、中野が最もこだわったのが、寺田倉庫の良さは絶対に守っていくということです。それから、ＢｔｏＣビジネス（以下ＢｔｏＣ）は、価格競争に左右されづらく堅調でしたので、価格競争が激しい、ＢｔｏＢビジネス（以下ＢｔｏＢ）は、商品を絞って、今後はＢｔｏＣに集中するという方針を三名で決意しました。次の問題は、ＢｔｏＣを伸ばしていくには何が必要かです。

すでに個人のワインや美術品などは預かってはいましたが、それらの保管・保存方法に関する知識やノウハウ以外を当社が持っているわけではないため、ワインや美術品などを総合的に扱っている強力な競争相手が現れたら勝ち目はありません。

ならば、もうワンランク上を目指そうと「千年倉庫」というスローガンを掲げ、さらに「もののホテル」というキーワードを決めました。

人が泊まるホテルのように、まず、ものを保管するためのハードをしっかりつくり、さらに、そこでものを預かるだけでなく、ものに対しきちんとおもてなしをして、総合的に付加価値を高めていく。この姿勢を社内にも浸透させることにしたのです。

さらに場づくりにも取り組むことにしました。どんなに素晴らしい絵を描いても、それを飾る立派な額縁がないと、絵画としての価値が高まらないのと同じで、倉庫内の場や取り巻く街の環境がよくなかったら、寺田倉庫がいくらがんばって本物のホテルをつくったところで、それらの価値は高まらないのです。そして、場づくりは、倉庫内から街づくりまで及びました。

天王洲も同時に改革

これらのプランを実行するべく、まず私が、天王洲（東京都品川区）の街づくり担当になりました。天王洲はきれいな水辺と運河だけでなく、再開発をしたおかげでインフラも整っています。かつては東京の観光名所のトップで、ナンバーワンのデートスポットでもありました。それが、徐々に人気を失い、気がつけば単なる羽田への通り道とみなされてしまったのです。

街としてのポテンシャルが高いはずの天王洲が注目されなくなったのは、街のプロモーションやソフト面でのメンテナンスを怠っていたからというのが、中野の分析でした。そこで、寺田倉庫という会社だけでなく、その寺田倉庫がある天王洲という街も同時に改革を行ってきたのが、私たちの五年間の軌跡です。

私たちは、保管・保存・修理・修復・再生が必要なものを「文化」と定義しています。「文化を感じる」というのは、千年倉庫とともに、寺田倉庫の目標のひとつです。

顧客の八〇％以上が富裕層

当社の顧客の八〇％以上が、年収二〇〇〇万円以上の富裕層です。その層に対しどうやって魅力ある空間をつくっていくか、そのためのブランディングにはとくに徹底的に力を入れています。

ワインセラーの外国人利用者も増えております。また、貴重品庫も顧客のなかで外国人の占める割合が年々増えてきています。もちろん政治的には国境は存在しますが、ビジネスにおいては、国境はなくても良いというのが中野の考え方の一つです。

当社の事業をＢｔｏＣに集中させていったなかで、唯一ＢｔｏＢで残っているのがメディアセンターで、ここではフィルムと磁気媒体の保管を行っています。これを残した理由は、画像や映像は文化財としての価値が高いという判断からです。さらに、アナログをデジタルに変換してハイビジョンで記録（デジタルリマスター）というような事業にも積極的に取り組んでいます。おかげさまで同分野のシェア率は、当社が国内ナンバーワンです。

アートの促進にも力を入れる（図1）

美術品に関しては、国立美術館に匹敵する品質の保管庫で対応しています。

またアナログだけでなく、クラウドアートギャラリーでアナログとデジタルを繋ぐことにも取り組んでいます。

アートの促進にも力を入れており、具体的には、各種アワードの創設、ギャラリーの開設、

図1

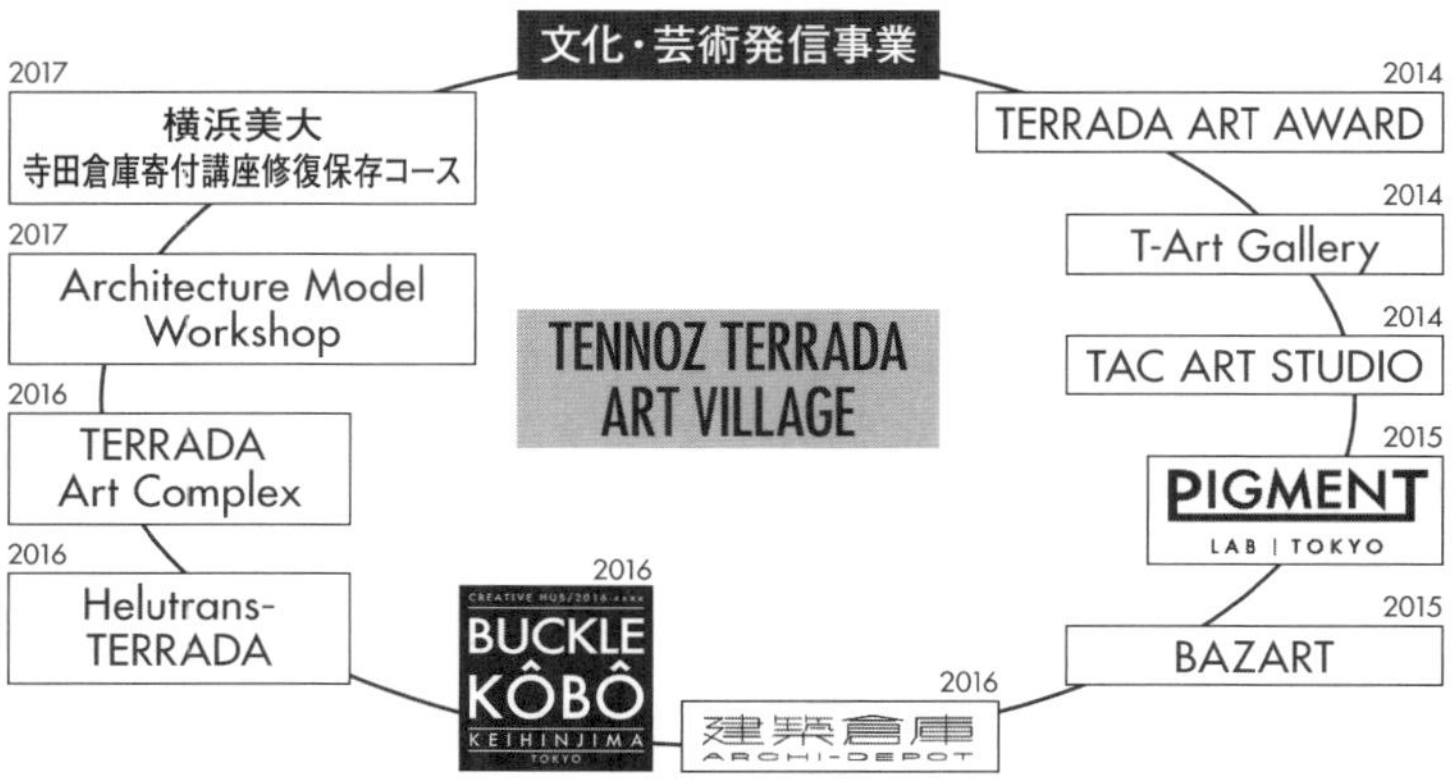

©寺田倉庫

「ＰＩＧＭＥＮＴ」（画材ラボ）の運営、「ＢＡＺＡＲＴ」（アートのシェアリングサービス）、建築模型を集めて展示する「建築倉庫ミュージアム」、アーティスト同士の交流の場、文化を発信する空間を提供する場の「ＢＵＣＫＬＥ　ＫＯＢＯ」などの事業を展開しています。

二〇一六年九月には、東京・天王洲に天井高五メートルの、大型作品にも対応しうるギャラリースペース「ＴＥＲＲＡＤＡ　Ａｒｔ　Ｃｏｍｐｌｅｘ」をオープンしました。また、横浜美術大学との産学協同で、美術品の修理・修復のできる若い職人を育てていくためのプロジェクトも進めています。

快適な空間を提供する

天王洲の街づくりの一環として、自らイベントを実施したり、近隣のイベントと連携したり、また他の地域のイベントを誘致したりして、街の活性化に積極的に取り組んでいます。

寺田倉庫のメディア活動は、国内外で積極的かつ戦略的に行っていて、これまで海外四三〇三のメディアに掲載され、当社Ｗｅｂサイトへの海外からのアクセス数は、一二〇万ＰＶに達しています。海外での知名度も上がっていて、最近は日本観光の一環として寺田倉庫を訪れる外国人も増えてきました。

ちなみに、天王洲で当社が経営するＴ．Ｙ．ＨＡＲＢＯＲというレストランは、一九五〇年代から存在する倉庫をリノベーションしてつくりました。この倉庫は当社の原点ともいえる場所なので、あと一〇〇年は残したいと思っています。また、倉庫会社がなぜレストランをするのかという質問をよく受けますが、それは寺田倉庫の理念として「快適な空間を提供する」と考えるからです。人にとっても心地いい空間を提供することも、私たちの重要な仕事だと思っています。

以前は倉庫の壁面に大きなお相撲さんの絵が描かれていましたが、これは街づくりの一環です。ただ、都の条例もあり、現在は空白となっています。ここにはいずれ新たなアート作品を描く予定です。

ほかにも天王洲の活用としては、倉庫を使ったグローバルイベントがあります。とくに無機質な倉庫空間とブランド企業は相性がよく、活用されたブランド企業からは、メディアなどを通じて高い評価をいただいています。

さらに、水辺という特徴を活かした水上コンベンション施設などの建設や運営も行っています。

社会に貢献しグローバルで活躍できる人材

社内だけでなく社会に貢献しグローバルで活躍できる人材に育てるというのが、当社の新しい人材育成の基本方針です。

二〇一七年、当社は、創立六七周年を迎えました。社員の平均勤続年数は六年四カ月、平均年齢は三七歳で、四〇歳未満が七〇%を占めています。

社員数は一〇〇〇名近い時期もありましたが、その後、小さくスピードのある経営を目指すという方針のもと徐々に減らし、現在（二〇一七年）は一〇五名です。男女の社員比はほぼ五〇対五〇。日本企業においては、かなり女性比率が高い会社だといえます。

外国籍社員の比率も高く、八カ国の社員が在籍しています。倉庫会社の中では、かなりグローバル化が進んでいると思います。

図2

新人事制度の本質

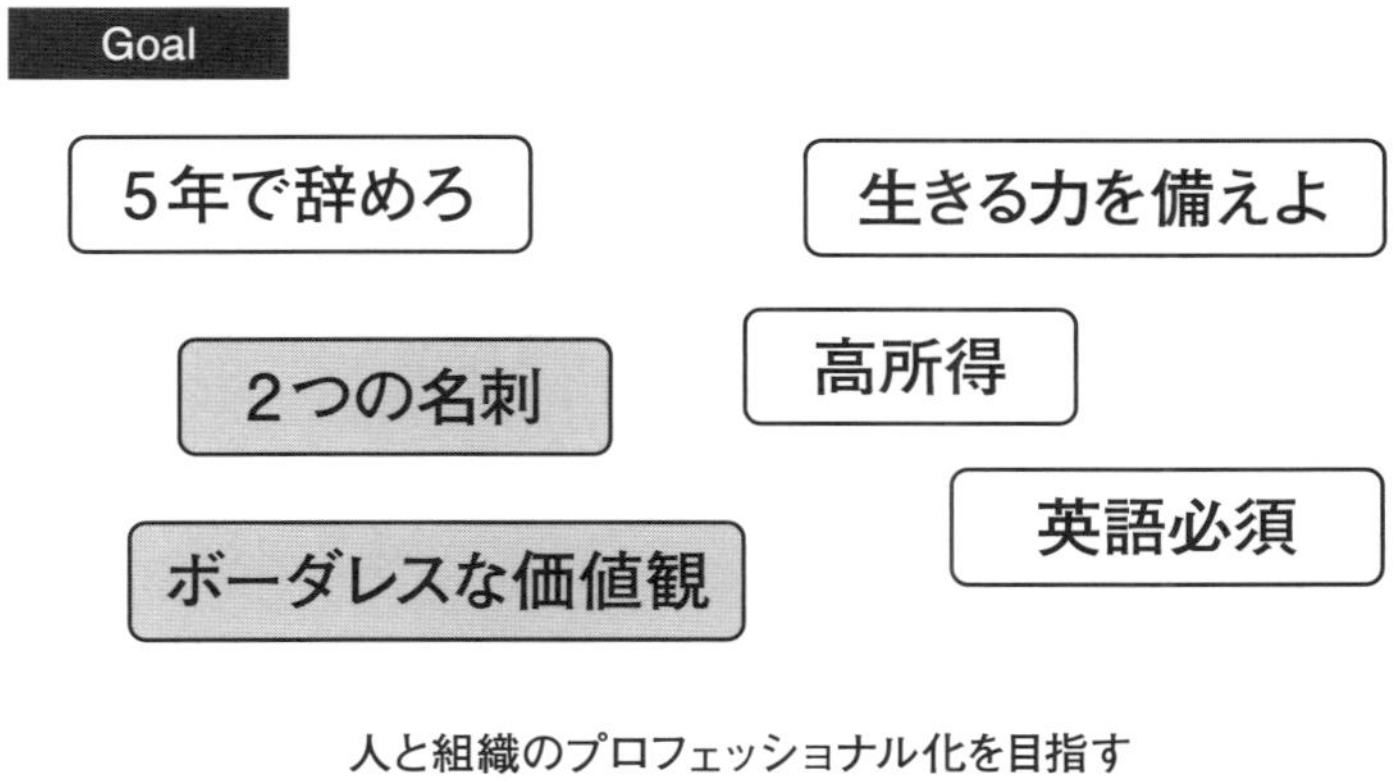

©寺田倉庫

新人事制度の本質（図2）

「五年で辞めろ」

当社の新人事制度に関しては、「社員は五年で辞めろ」という中野の発言がメディアで波紋を呼んだこともありますが、実際には五年で辞めさせるようなことはありません。五年というタームでしっかり自分を見つめ、何がやりたいか、何ができるかを見極めてほしいという意味です。

「二つの名刺」

当社は、社員の兼業や副業は禁止せず、むしろ奨励しています。

「生きる力を備えよ」

社員数が一〇〇名程度のオーナー企業ですから、たとえばオーナーが会社を畳むといえばその通りになってしまいます。そのため、当社の社員は日頃から、どこに行っても生きていくことができる力を養い、いつでも使える力を備えておかなければならないのです。

「高所得」

社員の給与水準を業界平均よりも意図的に二〜三割高くしています。また、残業もほとんどありません。これは、「時間とお金を未来に投資しなさい」という社員に対するメッセージです。

「英語必須」

TOEIC六〇〇点と簿記三級の取得が社員の必達目標です。これが達成できないと、年収が五％減額されます。

全員が単年契約の「社員」（図3）

日本では一般的に、正社員と終身雇用がセットとなっています。しかしながら、定年制度が存在するということは、正社員もまた有期雇用だといわざるを得ません。そこで、当社では人事制度を改めるにあたり、「正社員」「契約社員」の名称を廃止し、単年契約の「社員」をスタ

図3

雇用形態

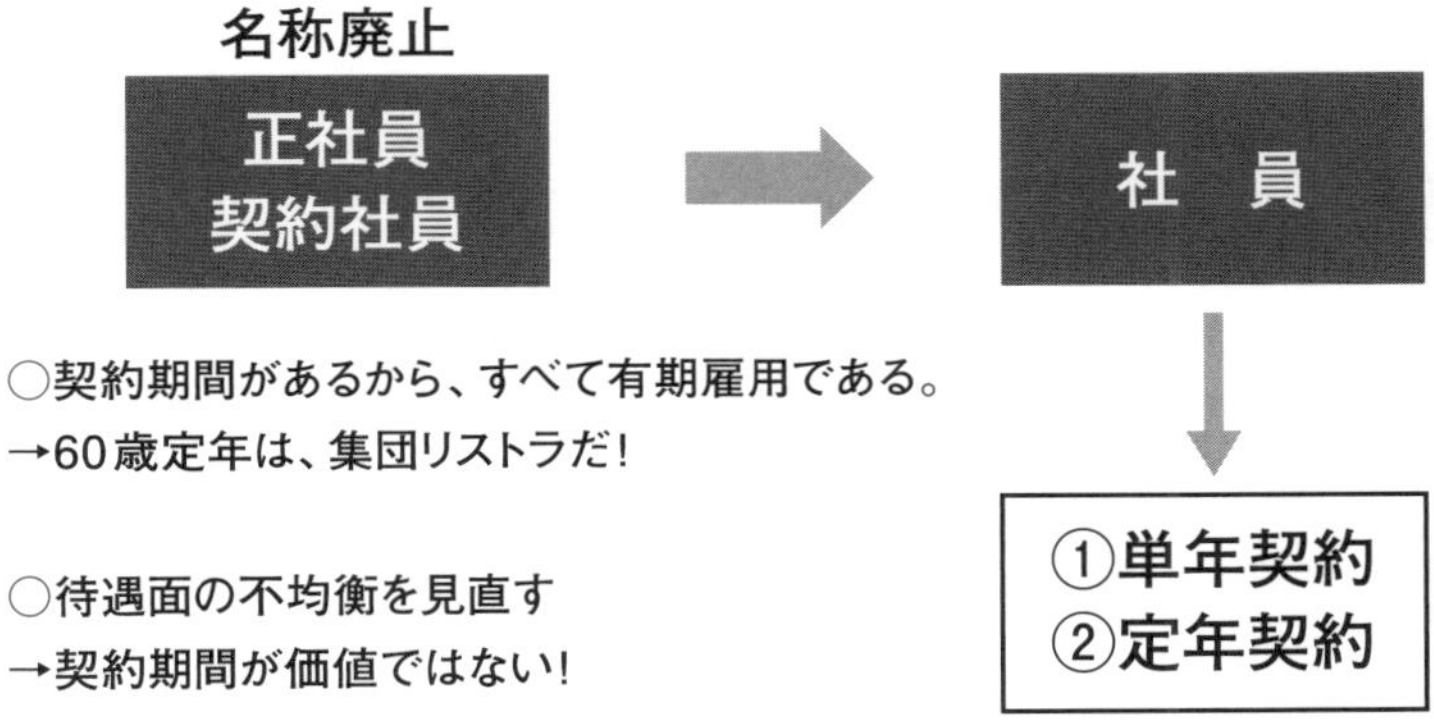

©寺田倉庫

ンダードとしています。

法律上定年契約（いわゆる正社員）で雇用されている人は、本人が希望すれば一回限りという条件で、年俸制提示額の二〇％増で、プロ野球選手のような単年契約に変更することもできます（図4）。ただ、勤続年数が一年未満、三〇歳未満、五五歳に到達する年度以降、年収八〇〇万円以上の社員はいずれも対象外です。

評価に対する考え方は、プロ野球選手と同じ

給与制度に関しては、従来の人事制度の根幹であった等級を廃止し、年収額がその人の「評価・価値」となるようにしました。

給与の支払いは、毎月年収額の一二分の一

図4

契約選択制度

定年契約社員について、希望により単年契約の選択を可能とする。

年俸制提示額の**20%**増額で契約する。

条件

- 一人1回まで
- 育成枠（30歳未満は不可）
- 55歳に到達する年度以降の選択は不可
- 年収800万円以上は不可
- 勤続年数1年未満は不可

を受け取る方式か、通常月は年収の一四分の一で六月と一二月は、二カ月分を受け取るダブル・ペイ方式のどちらかを社員が選択できるようにしています。

評価は、目標に対してプロセス、行動、成果、期待を踏まえて決定します。（図5）

そのときの目標は、まずグループとしてミッション、チーム、クリエイションを自分たちで考えて設定します。個人としての目標には、ミッション、チーム、クリエイション、それにチャレンジが加わります。チャレンジの項目は何でもかまいません。

評価に対する考え方は、プロ野球選手と同じです。たとえば二〇一六年度、日本ハムファイターズの中田翔選手は二七歳で、年俸二億八〇〇〇万円で契約しましたが、その年の打率は二割五分と、決して高くは

図5

評価制度

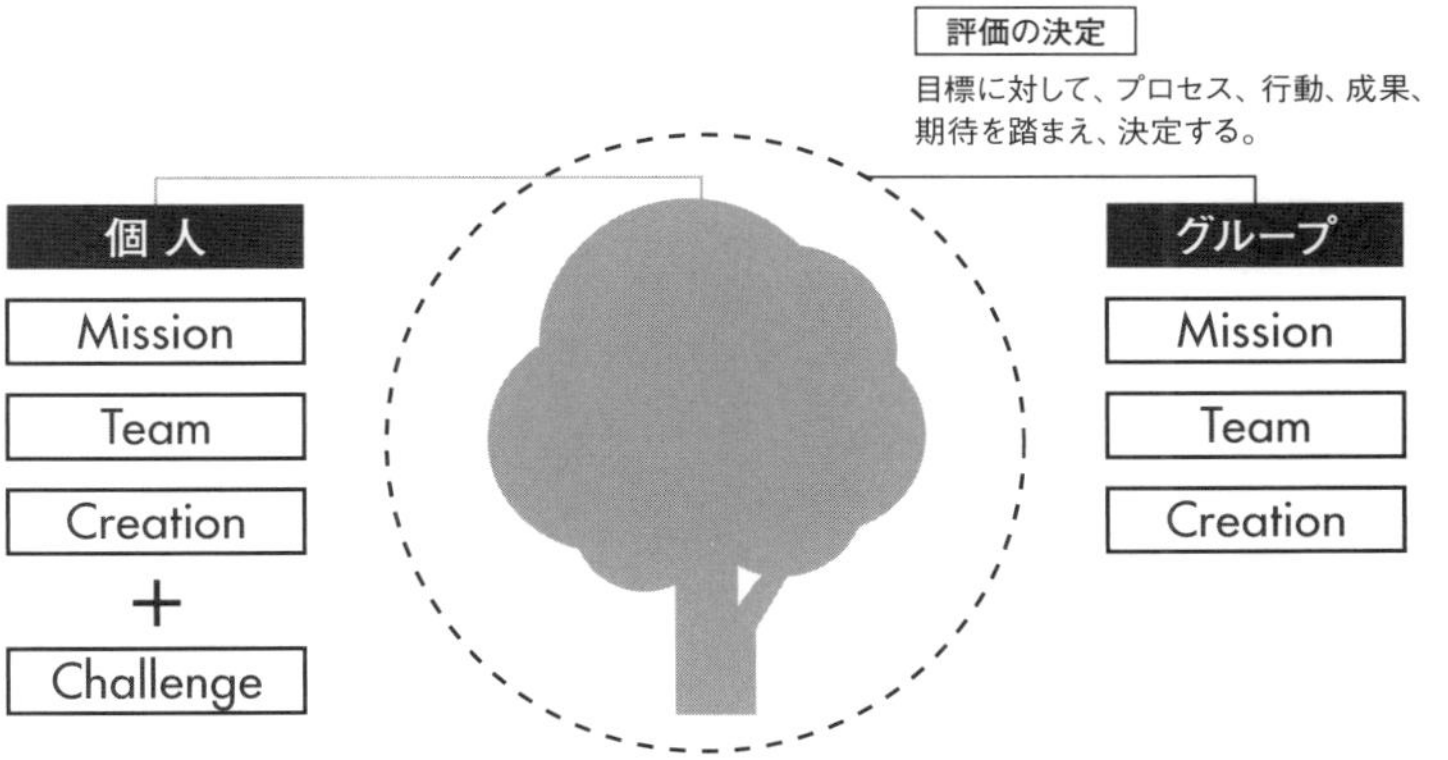

©寺田倉庫

ありませんでした。それでも高額の年俸をもらえるのは、「ここぞというときに打ってくれる」とファンを期待させてくれる」からだと思います。当社の評価のなかに「期待」が含まれているのも同じような理由からです。

コイン制度

コミュニケーション、仕事の質の向上を図るという目的で、コイン制度を設けています。ゴールド、シルバー、ブロンズ、スマイル、ドクロの五種類のコインがあり、それぞれ五万円、一万円、五〇〇〇円、一〇〇〇円、マイナス五〇〇〇円です。社員にはひとり二〇万円分のコインが与えられ、素晴らしい仕事をした人に対する賞賛や、助けてもらったときの感謝などの意味を込めて、社員同士でやりとりし、受け取ったコインの残額が、年二回会社から支給されるという仕組みです。上司も部下も関係ありません。ドクロコインも普通に行き来していて、私ももらったことがありますし、中野に渡したこともあります。

ｍｉｎｉｋｕｒａ（ミニクラ）

ｍｉｎｉｋｕｒａは、誰でもいつでもどこからでもアクセス可能な自分だけの倉庫がもてるクラウド上のサービスで、二〇一二年九月にスタートしました。

サービス開始当時は倉庫ビジネスの競争が激化し、勝つためには拡大路線をとるしかない状況でした。個人向けのトランクルームビジネスも行っていたのですが、不動産業などからの参入も増え、ほぼ飽和状態。その結果起こった価格競争と、他社の下請けで、人も設備も増やさざるを得ないというところに追い込まれていたのです。

しかし、これは明らかに代表の中野が目指す方向と異なっています。そこで、生き残るために二〇一一年ごろから、次世代倉庫・トランクルームビジネスを新たに立ち上げようと考えはじめました。

その際、これだけは譲れないとあらかじめ決めていたことが三つあります。

一つ目は、倉庫会社であっても自らがサービスをつくり、マーケティングする。

二つ目は、変化に順応し続ける。

三つ目は、寺田倉庫のＤＮＡである「保管・保存」と「ものの取り扱い方」にこだわる。

そうして生まれたのがｍｉｎｉｋｕｒａです。

複雑怪奇な契約と料金体系をやめる

ｍｉｎｉｋｕｒａを立ち上げる前に私たちが行ったのは、自分たちが直面している課題とは何かを明らかにすることでした。

まず、複雑怪奇な契約と料金体系。一般の人が家庭にある邪魔なものをすっきりさせたいと思っても、倉庫会社の存在がほとんど認知されていないために、自分たちの問題解決のためには倉庫会社を利用すればいいという発想につながりません。

また、倉庫会社のホームページを調べても、「契約の際は保証人を立てる」など面倒なことがいくつも書いてあり料金体系も複雑でわかりにくいため、そこから先に進まないのです。

そこで、この課題を解決するために従量課金制をやめることにしました。同時に倉庫の作業費、送料などの諸費用も廃止して、段ボール一箱につき毎月二五〇円という非常にシンプルなサービスにすることにしました。

それから、倉庫というのは忘れられてしまいがちな存在だということ。トランクルームに荷物を預けた人が、そこに何を預けたかを忘れてしまうというのは、珍しいことではありません。なかには品物を預けたという事実そのものを忘れてしまう人もいらっしゃいます。それでも毎月料金は引き落とされていくのですから、これはお客さんにとって非常に不幸な使い方です。また、預かる方も、そういう荷物ばかりのトランクルームは雑多な物置にしかみえないので、不幸な使われ方になってしまいます。

この課題は、箱を開けて中の品を一点一点写真に撮り、それをホームページにアップして、お客さんがマイページにログインすればいつでも見られるようにすることで解決しました。もともと法人向けのロジスティクスでは、我々も箱を開けて中の一品、一品にラベルを貼ったりと流通加工は行っていたのです。

しかし、個人の持ち物だと、形見の品のように誤って壊してしまっても弁償のしようがないものも含まれているので、中身にはいっさい手を触れないというのが原則でした。そのため、箱を開けて一つひとつ撮影してホームページに掲載するというのは、私たちにとってたいへん大きなチャレンジだったのです。でも、思い切ってそれらを行ったおかげで、この課題をクリアすることができました。

そうすると、ビジネスに思わぬ広がりが出てきました。箱を開けずに預かっていたときは「これは重いから本だろう」「それほど重くないから洋服かな」と中身を予測して管理するのが限界でした。それが、中のものを特定できるようになったために、それらに関連したサービスを、オプションとして用意することができるようになったのです。たとえば、洋服は倉庫から出すときにクリーニングをして渡す。アルバムやビデオテープなどはデジタル化するなどです。

また、ヤフーからの提案で、お客さんの不要になったものを、そのままシームレスでヤフオクに出品、配送まで代行するという仕組みもつくりました。

お客さんが預けてあるものを旅先で使用したい場合は、倉庫から直接ホテルや旅館に送ることもできるようになっています。

仕組みをプラットフォーム化して他の会社にも提供

二〇一二年にｍｉｎｉｋｕｒａを立ち上げて二〇一七年で丸五年たちますが、管理しているアイテムは一六〇〇万点を超えました。これらはロット商品ではなく一点ものというのが、私たちの強みです。六七年間培ったノウハウがあるからこそ、これだけのアイテムを取り扱えるのだと自負しております。

アイテムの種類をみると、いちばん多いのが衣類で、次が書籍・コミック、三番目がフィギュアです。フィギュアに関しては、決して自然に集まったわけではなく、スタッフ総出でコミックマーケットに出かけ、「コレクション管理に最適なサービスを提供します」というｍｉｎｉｋｕｒａをＰＲするチラシをまくなどして、地道な努力を重ねた結果です。

このようにminikuraは、ものを管理するだけでなく、ものを動かすロジスティックスの仕組みも兼ね備えています。

私たちはこれらをプラットフォーム化して他の会社にも提供し、一緒に新しいサービスをつくっていくということにも力を入れはじめました。下請けではなく、パートナーであるという点にはとくにこだわっています。ちなみに、相手がどんな業界であってもアイデアさえいただければ、三カ月でシステムを構築することができます。

具体的な事例としては、バンダイと行っている、フィギュアコレクション保管管理サービスです。また、ヨド物置のヨドコウとは、クラウド物置事業を行っていますが、これはスキーやキャンプ用品などの段ボールに入らない大きなものの保管です。

当社がパートナーに選ぶのは大手企業だけではありません。実績のないスタートアップやベンチャーと取引することを、既存の倉庫会社や物流会社はどうしても躊躇しがちです。しかし、世の中にまだ存在しないことに取り組んでいて、なおかつメンバー一人ひとりがやる気に満ちていれば、当社は彼らにminikuraの機能を積極的に提供していますし、場合によっては出資も行っています。

エアークローゼットとも提携

ファッションレンタルサービスのエアークローゼットとは、二〇一五年から提携しています。

エアークローゼットは、会員登録の際に個人プロフィールを登録していただくと、プロのスタイリストがそのデータをもとにお薦めの洋服を何着か選んで定期的に送ってくれるという、月額会員制のサービスです。受け取った洋服を返却すると、次の洋服が送られてくるというシステムになっていて、レンタル期限のようなものはなく、また、返却時にはクリーニングの必要もありません。気に入った洋服は購入することもできます。私たちは洋服を保管する倉庫、クリーニングの部分を担っています。

アートシェアリングサービス

若手のアーティストとユーザーを結びつけるプラットフォームを提供しているのが、アートシェアリングサービス「ＢＡＺＡＲＴ」です。ＢＡＺＡＲＴが選んだ作品を保管しＷＥＢサイトにアップします。ユーザーは気に入ったものを月額一三〇〇円で最長六カ月間レンタルすることができます。

図6

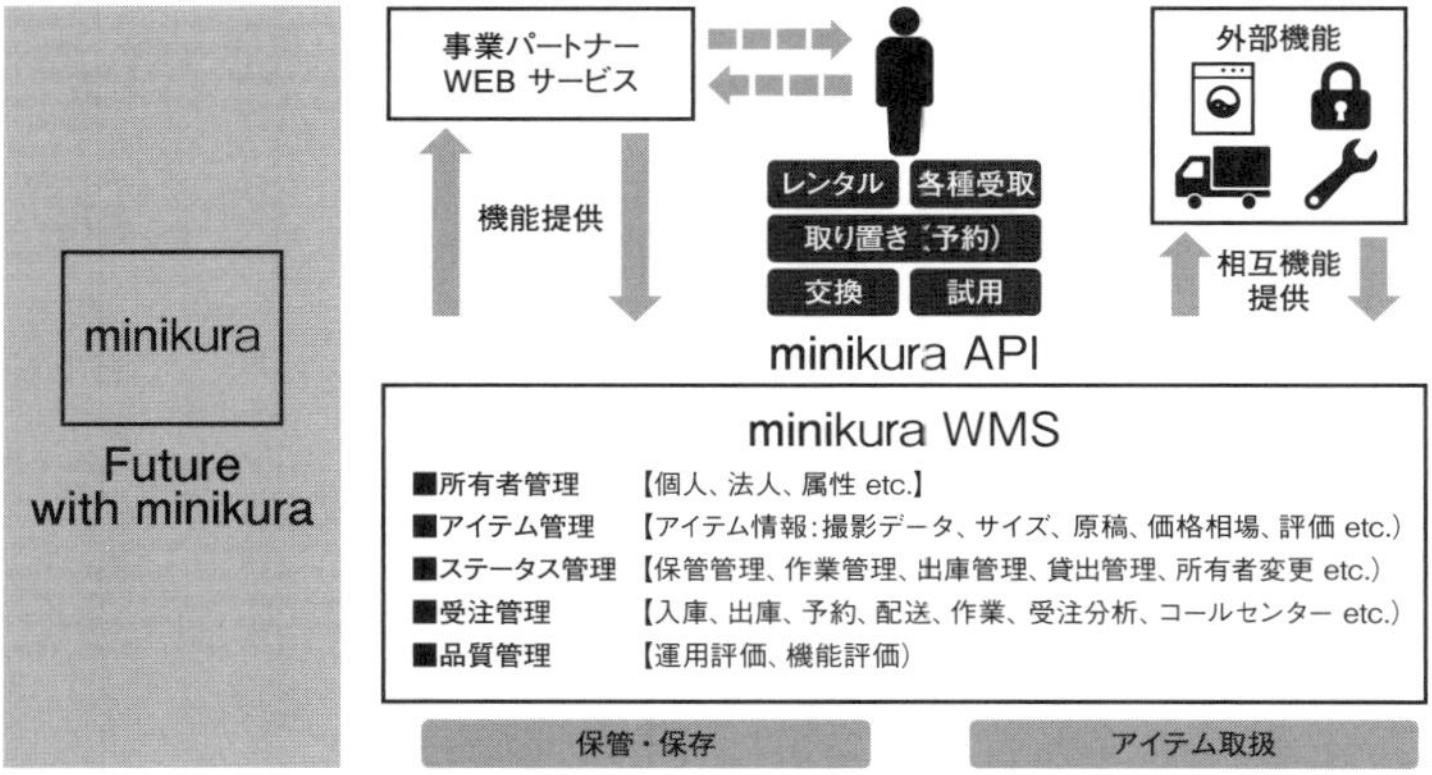

©寺田倉庫

ほかにも、日本の通販サイトの商品を海外に届ける「海外転送サービス」を行っているスタートアップ企業の支援があります。クラウド上でワインの保管・管理を行う「TERRADA WINE STORAGE」。天王洲アイルに拠点を置き、オンラインショップも運営する画材ショップPIGMENT（ピグモン）などです。さらに、世界初のバーチャル・アート・ギャラリー・コンプレックス。有望な若手建築家をターゲットにした展示スペースなどの準備も進めています。

minikura API（図6）

minikuraのベースになっているのは保管と保存、アイテムの取り扱いです。

いろいろな事業パートナーにまずアイデアをいただいてから、それらをもとにオペレーションを組み立ててシステム化していきます。とくにＩＴを使ったマーケティングに力を入れています。繰り返しになりますが、下請けではなくあくまでパートナーとして、提携企業と新たな価値創造に取り組んでいくのが、寺田倉庫のスタイルです。

私たち寺田倉庫が目指しているのは、強い会社です。では、強さというのは何か。それは売上の大きさではなくバランスシートを充実させることです。当社は、七年前は約八〇〇億円の売上がありましたが、利益は二億～三億円程度でした。現在は、売上は約一〇〇億円と縮小したものの、利益は一〇億円を超えています。

風を肌で感じながら疾走するオートバイのような小さくて強い会社。これが当社代表である中野善壽の思い描く寺田倉庫の理想の姿なのです。

【質疑応答】

Q1．この五年間にかなり思い切った投資をされているようだが、原資はどうやって捻出したのか。

三宅　本社のある天王洲に資金を集めるために、拠点を絞り、その他の地域にある資産を処分しました。また、ビットアイルという関連会社でもある上場会社を売却され、その資金も投資に回すことができました。このように、投資をしてもバランスシートは崩さないよう、常に気をつけています。

Q2．中野代表はいつから寺田倉庫の経営に参加しているのか。

三宅　中野は代表に就任する三〇年ほど前から、顧問として当社の経営にかかわっていましたが、二〇一〇年に現会長の寺田保信が、次の寺田倉庫を任せられるのは中野しかいないと決断し、当時台湾企業の中心にいた中野を三顧の礼で迎えたのです。

Q3．外国人利用者は、具体的にどういう人がどのようなものを預けているのか。

三宅　セキュリティの問題があるため、顧客名簿には当社役員もアクセスできず、私自身も正確な情報を持ち合わせていません。ただ、政治的に安定しているというのと、災害に強いという点は、外国の方にたしかに評価されているようです。

Q4．適材適所は社員が決めるということだが、実際に運用するのは会社なので、当然社員の思いどおりにいかないこともあると思う。そのあたりの社員の納得はどうなっているのか。

三宅　当社では、自分が行きたい部署に行くというのが基本になっているため、一般的な人事異動というのはありません。ある部署から「この社員がほしい」という要望が出てくることもありますが、その場合も本人の意向が最優先されます。ただし、三〇歳以下の「育成枠」社員に関しては、その人の能力や可能性を考慮して、人事側からアプローチをするということもあります。

Q5．社員の評価制度はどうなっているのか。

三宅　まず、各グループのリーダーとディスカッションを十分したうえで、グループとしてのミッション、クリエイション、チャレンジの目標を決めてもらいます。次に、そのグループ目標を達成するためにメンバーは何をすべきかを考えさせ、それを個人の目標とします。それに対してどのような結果を出したのかが評価の対象になるというわけです。ただし、これができたから何ポイントというような機械的なやり方ではなく、一人ひとりの個性や能力差なども考慮しながら、時間をかけて評価するようにしています。

Q6．中野代表の語録のなかに「限りを知り、限りをつくる」とあるが、これはどういう意味か。

三宅　限りを知るというのは、自分の身の丈をわきまえよ。限りをつくるというのは、最終ゴールを定めることで、緊張感をもって仕事に取り組むということです。「五年で辞めろ」に込められている中野の思いというのも、これと同じだといっていいでしょう。

Q7. 貴社の社員は仕事や会社のどこに最も魅力を感じていると思うか。

三宅 かつては安定した会社であることや、終身雇用のような制度が存在することに魅力を感じた社員が多かったのかもしれません。でも、いまは、次の世代の人たちにも「いま存在する価値」を提供できるというところに意義を感じています。また、変化を前提としておもしろいことにどんどんチャレンジしていくことに喜びを感じる社員が多いような気がします。

二〇一七年五月二七日「ATAMIせかいえ」にて収録

＊追記
寺田倉庫の時の流れは、とても速く、この収録は、一年前のものです。現在の会社の軌道は、収録時と違うところもあります。

大前研一（おおまえ・けんいち）

早稲田大学卒業後、東京工業大学で修士号を、マサチューセッツ工科大学（MIT）で博士号を取得。日立製作所、マッキンゼー・アンド・カンパニーを経て、現在（株）ビジネス・ブレークスルー代表取締役会長、ビジネス・ブレークスルー大学学長。著書は、『「0から1」の発想術』『低欲望社会「大志なき時代」の新・国富論』（共に小学館）、「日本の論点」シリーズ（小社刊）など多数ある。

「ボーダレス経済学と地域国家論」提唱者。マッキンゼー時代にはウォール・ストリート・ジャーナル紙のコントリビューティング・エディターとして、また、ハーバード・ビジネス・レビュー誌では経済のボーダレス化に伴う企業の国際化の問題、都市の発展を中心として広がっていく新しい地域国家の概念などについて継続的に論文を発表していた。

この功績により1987年にイタリア大統領よりピオマンズ賞を、1995年にはアメリカのノートルダム大学で名誉法学博士号を授与された。

英国エコノミスト誌は、現代世界の思想的リーダーとしてアメリカにはピーター・ドラッカー（故人）やトム・ピーターズが、アジアには大前研一がいるが、ヨーロッパ大陸にはそれに匹敵するグールー（思想的指導者）がいない、と書いた。

同誌の1993年グールー特集では世界のグールー17人の1人に、また1994年の特集では5人の中の1人として選ばれている。

2005年の「Thinkers50」でも、アジア人として唯一、トップに名を連ねている。

2005年、『The Next Global Stage』がWharton School Publishingから出版される。発売当初から評判をよび、すでに13カ国語以上の国で翻訳され、ベストセラーとなっている。

経営コンサルタントとしても各国で活躍しながら、日本の疲弊した政治システムの改革と真の生活者主権国家実現のために、新しい提案・コンセプトを提供し続けている。経営や経済に関する多くの著書が世界各地で読まれている。

趣味はスキューバダイビング、スキー、オフロードバイク、スノーモービル、クラリネット。

ジャネット夫人との間に二男。

大前研一
デジタル時代の
「社内起業家」育成法
サイバーエージェント、寺田倉庫、リクルート、ソニー……とがった人材を活かせ

「BBT×プレジデント」エグゼクティブセミナー選書 Vol.9

2019年3月31日　第1刷発行

編　者　大前研一
発行者　長坂嘉昭
発行所　株式会社プレジデント社
〒102-8641 東京都千代田区平河町2-16-1
平河町森タワー 13F
http://president.jp　http://str.president.co.jp/str/
電話　編集（03）3237-3732
販売（03）3237-3731

編集協力　政元竜彦　木村博之
構　成　山口雅之
編　集　渡邉 崇
販　売　桂木栄一　高橋 徹　川井田美景　森田 巌　末吉秀樹
撮　影　大沢尚芳
装　丁　秦 浩司（hatagram）
制　作　関 結香
印刷・製本　図書印刷株式会社

ISBN978-4-8334-2309-0
Printed in Japan